KB219976

귀여워서 삽니다

귀여워서 삽니다

1판 1쇄 인쇄 2025년 3월 21일
1판 1쇄 발행 2025년 3월 31일

지은이 강승혜
펴낸이 김기옥

경제경영사업본부장 모민원
경제경영팀 박지선
마케팅 박진모
경영지원 고광현
제작 김형식

표지 디자인 위드텍스트
본문 디자인 푸른나무디자인
인쇄·제본 민언프린텍

펴낸곳 한스미디어(한즈미디어(주))
주소 04037 서울특별시 마포구 양화로 11길 13(서교동, 강원빌딩 5층)
전화 02-707-0337 | **팩스** 02-707-0198 | **홈페이지** www.hansmedia.com
출판신고번호 제 313-2003-227호 | **신고일자** 2003년 6월 25일

ISBN 979-11-94777-00-7 (03320)

귀여워서 삽니다

강승혜
지음

어른이들의
얇디 얇은 지갑을
기어코 열게 만드는
귀여움의 힘

한스미디어

추천의 글

귀여움에 공감하지 못하는 의사결정자에게 이 책의 일독을 권한다. 귀
여움에 공감하지 못해도 사람들이 왜 귀여움에 열광하는지 이해할 수
있게 된다. 의사결정자는 '귀엽다' '하찮다' '무해하다'가 왜 긍정 언어인
지 이해하지 못해도 자사 브랜드를 귀엽게 만들어야 하고, 이 캐릭터의
무엇이 귀여운지 공감하지 못해도 콜라보를 진행해야 한다. 생존의 시
대에 귀여움은 필수가 아니라 사치였다. 하지만 생존의 시대를 지나 취
향과 공감의 시대에 귀여움은 소비자로 하여금 이것은 '내 거야'라고 느
끼게 만드는 필수적인 가치 속성이 되었기 때문이다.

박현영 ● 바이브컴퍼니 생활변화관측소 소장

솔직히 요즘 저게 왜 유행인지 잘 모르겠는 마케터, 팀원들이 콧소리를
내며 좋아하는 아이디어를 들으며 조용히 마른 침을 삼키는 팀장님, 공
감력이 부족해 놀림 받는 T자형 인재, 조카 선물 고르기에 번번이 실패
하는 고모나 이모, 삼촌. 전부 내 이야기다. 하지만 이 책을 읽고 나에게
죄가 없다는 걸 알게 되었다. 다만 이 시대의 생존 감성, '귀여움'을 몰랐
을 뿐. 나 같은 사람들을 구해주기 위해 귀여움의 탄생부터 현재까지,

일본 고대 수필 속 푸른 유리로 된 항아리부터 한국 Gen Z의 가방에 매달린 키링까지 분석한 저자의 집요함에 여러 번 웃었다. 트렌드를 나열한 책들 사이에서 이 책의 깊이와 스펙트럼은 절대 귀여운 수준이 아니라고 소신발언 해본다.

노윤주 ● 브랜딩 전문가, 『컨셉 라이팅』 저자

불안한 시대, 소비자들은 자신이 통제할 수 없는 것들에 둘러싸여 있다. 하지만 귀여움 앞에서는 망설임 없이 지갑을 연다. 소비자의 마음을 연구해온 학자로서, 나는 소비 결정이 때로는 합리성을 넘어 감성에 의해 좌우된다는 사실을 자주 목격해왔다. 『귀여워서 삽니다』는 귀여움이 현대 소비자들에게 심리적 위안과 통제감을 제공하는 코드임을 분석한 책이다. 귀여움이 사람들의 감정을 어떻게 자극하고, 왜 구매 동기로 작용하는지를 언어·문화·심리·비즈니스의 맥락에서 흥미롭게 풀어내고 있다. '왜 우리는 귀여운 것을 사는가?' 그 답을 찾고 싶은 분들께 일독을 권한다.

송수진 ● 고려대 융합경영학부 교수

프롤로그

우리는 왜 귀여움에 열광하는가

귀여움이 소비를 점령하고 있다. 거리를 걷다 보면 도처에 귀여운 캐릭터가, 젊은이들의 가방 끝에는 인형 키링이, 물건을 고르는 사람들의 입에서는 '귀여워~!'라는 탄성이 새어 나온다. 카페에서 노트북을 펴고 공부하는 카공족 대학생들의 노트북에는 어김없이 아기자기한 스티커가 잔뜩 붙어 있고, 다꾸(다이어리 꾸미기), 가꾸(가방 꾸미기) 트렌드 저변에도 귀여움이 깔려 있다. 보통 '귀여운 것'은 작고 사랑스럽고 연약하고 무해하고 선량하며 때로는 쓸모조차 없다. 그런데도 마음을 강하게 끌어당기고 어쩔 도리 없이 지갑을 열어젖히게 만든다. 그럴 의도가 없어 보이는 것들이 가장 강렬하게 마음을 움직이고 있는 것이다.

이 책을 기획하게 된 건 귀여움이 소비생활은 물론 언어적으로도 사회문화적으로도 중요한 개념으로 떠오르고 있다는 자각이 발단이었다. 물론 이를 알아챈 건 나만이 아니기에 웹 상에서 귀여움에 대한 분석이나 집필을 시도한 흔적도 여럿 발견했다. 하지만 그게 끝까지 결실을 맺지 못한 건 귀여움에 언어, 문화, 감정, 소비 등 다양한 관점이 복잡하게 얽혀 있기에 모두 짚어 담기가 쉽지 않았던 탓일 거라고 막연히 추측한다. 나 역시 처음 귀여움에 대해 분석하고 써보겠다는 생각을 가졌을 때만 해도 '깔끔하게 소비 관점만 다루자'라고 생각했지만 막상 써 내려가면서 그렇게 논해서는 반쪽짜리도 아닌 반의반 쪽짜리 논의밖에 되지 않는다는 걸 깨달았기 때문이다.

귀여움에 대한 모든 것을 논한다는 건 욕심이겠지만, 적어도 귀여움을 적용한 마케팅이나 비즈니스 사례를 나열하는 데 그치고 싶지는 않았다. 최신의 사례를 신속하게 발굴하고 전달하는 좋은 플랫폼이 너무나 많아서다. 나는 오히려 근래에 귀여움이 부상하는 과정에서 도드라졌던 사례들, 우리의 귀여움 관념을 풍성하게 만들어온 흥미로운 사건들, 관용적 표현들, 생활과 관습의 변화상 속에서 귀여움이 내포한 의미와 확장, 소비생활 속에서 귀여움이 발현돼온 과정 등을 찬찬히 더듬어보고 싶었다. 또한 귀여움에 관심을 가진 사람이라면 분명 알고 싶을 만한 것들을 알아보고 분석하고 정리해보고 싶었다. 이 책은 그런 탐구심의 결과물이다.

우선 제1장 「귀여움의 부상: 강력한 소비 감성의 등장」에서는 따사롭고 부드럽게 느껴지는 귀여움이라는 감성이 실은 얼마나 강력하고 거역하기 힘든 감정인지 독자의 공감을 요구하면서 최근 귀여움이 우리의 일상과 소비생활 속에 어떤 형태로 존재감을 드러내고 있는지 굵직한 사례들을 살펴봤다. 제2장 「귀여움의 결: Z세대가 인식하는 귀여움의 스펙트럼」에서는 Z세대 40명을 대상으로 간이 설문을 진행한 결과를 바탕으로 귀여움 소비의 중심에 있는 Z세대가 인식하는 귀여움 감성의 섬세한 결을 갈라보고, 이들의 생각과 소비 행동에 미치는 영향을 분석했다. 제3장 「귀여움의 맥: 그동안 우리가 귀여워해온 것들」에서는 소셜미디어의 시대가 시작된 이후 귀여움을 중심으로 일어난 주요 이슈와 화제들을 통해 귀여움이 우리의 언어와 관념 상에서 의미와 상징을 확장해온 맥락을 짚어봤다. 제4장 「귀여움의 뜻: 귀여움의 언어, 의미, 연원 그리고 문화」에서는 '귀엽다'의 한중일 표현과 언어적 맥락, 연원을 다뤘다. 우리말에서 '귀엽다'는 말을 사용하기 시작한 연원은 오래지 않지만 일본은 아주 오래 전부터 '카와이'라는 감성과 미학에서 자타가 공인하는 종주국인 데다 우리의 귀여움 문화는 상당 부분 일본적 카와이 감성과 유사하게 성장, 발전해나가고 있기에 일본의 카와이 감성과 문화에 대해서는 그 연원과 양상을 간략하게나마 짚어볼 필요가 있다고 봤기 때문이다. 더불어 최근 몇 년간 귀여움 소비가 맹렬하게 일어나고 있는 중국도 간략히 살펴본 후 한중일 3국에서 귀여움 문화, 귀여움 소비가 부상한 공통적 메커니즘을 나름대로 추출해 정리했다. 제5장 「귀여움의 힘: 귀여움이 가능케 하는 것」에서는 귀여움이 실제 사람들의 생각과 행동에 어떤 영향을 미치는지 입증된 주요 효과들을 정리했다. 마지막으로 제6장 「귀여움은 왜?: 하필, 지금, 대체 왜?」는 지금까지 해온 논의의 결론으로 귀여움이 하필, 지금 중요한 감성으로 떠오른 이유를 시대와 세대의 특성, 나의 해석과 경험에 근거해 설명했다. 그래서 이 책은 발췌독보다는 각 장 순서대로 읽는 것이 바람직하다.

각 장의 내용을 보면 알 수 있듯이, 이 책은 귀여움 적용 비법서가 아니다. 마케팅에 귀여움을 활용할 비법은 누구도 정확히 안다고 말하기는 어렵겠고, 기실 비법이 존재한다고 확언할 수조차 없지만, 비법이 있다 한들 그것을 정리하기엔 나의 경험과 공부가 부족하다. 다만 '왜 귀여워서 살까?', '귀여움이라는 감성이 왜 우리 사회 안에서 힘이 세지고 있을까?', '귀여움이란 감정은 어떤 경우에 발생하고 사람들에게 어떤 영향을 미칠까?', '다른 나라의 귀여움은 우리와 다를까?' 등등 꼬리에 꼬리를 무는 궁금증과 호기심, 탐구심이 먼저였지만, 그다음은 유행과 화제에 더없이 민감한 광고 마케팅 업계에 있는 사람으로서 유행에 휩쓸려 아무 곰돌이, 아무 캐릭터, 아무 IP를 붙이면 되는 것처럼 흘러가는 분위기에 대한 경계심도 있었다. 나는 아직 낭만적인 생각을 품고 있는 한

명의 직업인이다. 나는 여전히 마케팅은 사람의 마음을 움직이는 일이며, 따라서 마케터는 사람들이 어떤 생각을 하고 왜 그렇게 행동하는지 늘 궁금해하는 사람이어야 한다고 믿는다. 그래서 요즘처럼 유행이 빠르게 바뀌는 시대에, 브랜드에 귀여움을 접목하는 방식이 단지 그냥 곰이라서, 캐릭터라서, IP 제휴 비용이 저렴하니까 일단 갖다 붙여보자는 식은 아니었으면 한다. 적어도 지금 귀여움에 열광하는 사람들을 지배하는 이 감성을 진지하게 탐구해보기를 권하고 싶다.

이 책이 귀여움의 전부를 담고 있지는 않지만, 자신만의 탐색을 시작하려는 사람에게 분명 작은 실마리가 될 수는 있으리라 생각한다. 마케터 이외에도 젊은 세대를 타깃으로 새로운 비즈니스를 구상 중인 창업자나 기획자, 귀엽지만 쓸모없어 보이는 것들을 사들이는 자녀나 부하직원 혹은 젊은 고객들을 이해하고 싶은 기성세대, 귀여운 것만 보면 홀린 듯이 지갑을 여는 내 자신이 대체 왜 이러는지 알고 싶은 Z세대에게도 의미가 있을 것이다. 그렇게 귀여움의 '결'과 '맥', '뜻'과 '힘', 그리고 귀여움이 지금 부상한 이유까지 하나하나 짚어가다 보면, 아마도 내 브랜드에, 혹은 내 일에 시대의 트렌드가 된 귀여움이 어떻게 무기가 될 것인지, 적절한 방향이 자연스럽게 떠오르리라 생각한다.

그리고 책을 시작하기에 앞서 특별한 감사의 말을 전해야 할 사람들이 있다.

먼저, 2022년 말 소셜데이터 상에서 '귀여움'의 상승을 포착한 이수진과 2023년 말 '무해함'의 상승을 발견한 채수정에게 각별한 감사와 애정을 보낸다. 나의 전작 『세대욕망』의 공저자들일 뿐 아니라 소중한 나의 팀 동료인 이들이 기민하게 귀여움의 시그널을 포착해준 덕분에 이 책이 나올 수 있었다. 그리고 완벽하게 하고 싶어서 오히려 끝까지 미루고 마는 나를 집필하는 과정 내내 곁에서 채찍질해준 점에 대해서도 깊은 고마움을 전한다.

또한, 2024년 8~9월에 걸쳐 한국방송광고진흥공사(KOBACO) 광고교육원 국제광고인과정 대학생반 수강생 일부와 수강생의 지인을 대상으로 Z세대의 귀여움 인식 파악을 위한 자체 설문조사를 진행했다. 설문에 응한 총

40명 중 이름 공개에 동의한 분들에 한해 명단을 수록한다. 이들의 응답은 제2장「귀여움의 결」에서 소중한 분석 자료로 활용됐다. 주관식 질문이 대부분인 지난한 설문에 성실히 응답해준 분들에게 다시 한번 감사의 마음을 전한다. 고맙습니다.

강다형, 고유정, 곽나연, 곽소정, 구예나, 권혜수, 김관호, 김규원, 김도현, 김도훈, 김도희, 김동규, 김주은, 김효주, 노건우, 박서우, 박우석, 박준형, 백민기, 송퀸, 신동우, 신은지, 안범진, 양수영, 오도윤, 유어진, 유지연, 이서영, 이서윤, 이지은, 이하은, 임경택, 정두호, 정의경, 최윤진, 하정원, 홍동현 外 익명을 원한 3인

끝으로, 2024년 5월 말부터 2025년 1월 중순까지 이 책을 쓰는 동안 주말 근무가 없는 날이면 대체로 스터디 카페에 틀어박혀 밤을 새우며 글을 썼다. 평일에도 바빠서 늘 늦는 탓에 가족을 살뜰히 살피고 챙기지 못했다. 책을 쓰는 동안 주말에도 엄마의 부재를 잘 견뎌준 아들 유준, 남편 한신효에게도 미안함과 함께 사랑을 보낸다.

목차

1장

귀여움의 부상

강력한 소비 감성의 등장

귀여움에는
저항하기 어렵다

지금 귀여움에 대해 이야기하려고 한다면 푸바오로
부터 시작하는 것은 당연하고도 영리한 선택일 것이다.
귀여움이 이미 세상을 지배하고 있지만 어느 세대든 모
두가 아는 귀여움은 단연 푸바오일 테니까. 푸바오는
2023년 최고의 귀여움이었고 중국 선수펑 기지로 반환
됐던 2024년 초까지 화제의 중심이었다. 각자의 알고리
즘이 존재하는 시대라지만 진짜 화제는 결국 모든 사람
이 알게 되는 법, 네이버의 실시간 검색 순위가 남아 있
었다면 2024년 상반기 실검 1위는 분명 푸바오였을 것
이다.

2020년생 판다 푸바오는 모든 사람이 강제로 칩거

생활을 했던 팬데믹 시기에 유튜브 콘텐츠를 통해 존
재감을 드러내더니 한국과 중국은 물론 전 세계 사람
들에게 이름을 알렸고 현재까지도 여전히 중국 선수펑
기지의 얼굴 같은 존재로 관람객을 유인하는 최고 인기
판다다. 물론 이제는 대중적 화제의 중심에서 다소 멀
어졌지만 여전히 '찐팬'들은 SNS와 커뮤니티에서 푸바
오와 바오패밀리의 일거수일투족을 실시간으로 공유
하며 사랑의 마음을 나눈다. 이 책을 쓰면서 온갖 귀여
운 것들의 계정을 팔로우하고 있는 덕분에 오늘 푸바오
가 어떤 자세로 대나무를 먹었는지, 무얼 하며 놀았는
지, 혹 야위거나 털빠짐이 있는 건 아닌지 한국에서도
얼마든지 접할 수 있는 형편이다.

　　푸바오가 슈퍼스타의 반열에 오른 건 그녀의 종(種)
의 특별함, 태어난 장소와 시기의 특별함, 다정한 사육
사들의 특별함, 그리고 앞구르기의 탁월함(?) 등 여러모
로 특별함을 많이 가지고 있기 때문이지만, 누구나 인
정하는 단 하나의 이유는 역시 푸바오가 특별히 귀여웠
기 때문이다.

ⓒ 에버랜드 공식 유튜브 채널

　흔히 성공한 콘텐츠 크리에이터들은 꾸준히 콘텐츠를 생산하는 가운데 특정 콘텐츠가 '터지면서' 드디어 '떡상'하는 루트를 타게 된다. 그게 푸바오의 경우는 '팔짱' 영상이었다. 사육사 옆에 푸바오가 꼭 붙어 앉아 애교를 부리듯 팔짱을 끼고 있는 영상을 본 적 있는지? 푸바오에 아무리 관심이 없다고 해도 여러 미디어를 통해 자주 노출되었기 때문에 모르기 어려운 영상이다. 유튜브 검색창에 '푸바오'를 입력하면 연관 검색어로 제일 위에 뜨는 것이 '푸바오 팔짱'이다. 푸바오 하면 가장 유명한 이 영상의 조회수는 거의 3,000만 회에 육박한다. 부모인 아이바오와 러바오가 사육사들에게 아들, 딸 격이다 보니 푸바오는 자연스럽게 손녀가 되었다. 이렇게 해서 **'할부지와 손녀 푸바오'의 관계가 설정되었다.** 그리고 사람들은 이 영상을 통해 사육사와 판다가 종(種)을 넘어서 애정과 교감을 나누고 있다고 믿어버렸다.

나 역시 '뚠빵'하게 벤치에 앉아 털주먹으로 야무지게 대나무를 쥐고 꼭꼭 씹어 먹는 푸바오의 영상을 넋놓고 바라본 적이 있다. 원래 네발 달린 동물은 사람처럼 손가락이 발달하지 않아서 뭔가를 쥐지 못한다. 그런데 판다는 대나무를 쥐고 먹느라 원래 엄지손가락이 아닌데 손목뼈 같은 것이 발달하면서 엄지 같은 기능을 하게 되었다고 한다. 그래서 판다의 손가락은 따지고 보면 여섯 개다. 까맣고 윤기 나는 털이 가득한 그 주먹손에 대나무를 쥐고 철퍼덕 앉아서 야무지게 입에 갖다 넣고 있는 것이다. **그걸 생각하면 진화의 신비로움과 더불어 그 털주먹이 귀여워 죽겠다는 생각을 아니할 도리가 없다.**

하지만 특별히 귀여운 외모에 어울리지 않게도 판다는 사실 맹수에 속한다. 판다의 쌀알 같은 앞니 양옆에 나 있는 유달리 크고 날카롭게 발달한 송곳니를 보면 조금은 고개가 *끄*덕여진다. 사실 그건 우리 집 반려견 '토토'도 마찬가지다. 내가 토토의 마음을 모르듯이 판다가 어떤 마음인지는 알 수 없다. 그래도 인간은 본래 모든 걸 인간의 입장에서 생각하는 데 익숙하기 때문에, 사육사와 푸바오의 관계성 스토리의 시초가 된 이 영상을 보다 보면 인간이 갖는 애착의 마음을 푸바오도 분명 갖고 있을 거라고 믿고 싶어진다.

푸바오가 사육사에게 착 달라붙어 팔에 매달리며 애교를 부리는 듯한 모습을 보다 보면 자동으로 눈이 가늘어지고 입가엔 미소가 번진다. 나도 모르게 입꼬리가 올라가 있는 걸 뒤늦게 자각한다. 체육시간에 모두 배웠을 것이다. 생물시간이었는지도 모르겠다. 여하튼 사람의 근육은 두 종류가 있는데, 뇌가 시키는 대로 의식적으로 움직일 수 있는 수의근과 심장이나 내장 근육처럼 뜻대로 움직일 수 없는 불수의근[1]이다. 원래 입꼬리는 수의근이다. 그래서 인간은 기분이 좋지 않을 때도 입꼬리를 일부러 올려서 기분이 좋은 척할 수 있다. **하지만 종종 입꼬리는 불수의근이 된다. 귀여운 것을 보면 입꼬리가 멋대로 움직이는 걸 주체할 수 없기 때문이다. 귀여움은 내 뜻대로 움직일 수 있는 근육조차 내 맘대로 할 수 없게 만들 정도로 힘이 세다.**

인간은 강요당하는 것을 싫어한다. 그럼에도 불구하고 **귀여움에 사로잡힌 인간은 강요당하는 괴로움 없이 순순히 지갑까지 열어젖힌다.** 심지어 마음은 즐겁기 한량없다. 그러니 다소 불순하지만 소비를 움직이는 힘에 관심이 있는 인간 마케터로서는 마땅히 탐구해볼 수밖에 없는 노릇이다.

사랑은 눈으로 들어온다

귀여움이란 동글동글하고 작고 아기 같은 생김새나 보들보들하고 따뜻한 촉감이 자동으로 환기하는 단순한 감정이 아니다. 푸바오를 보다 보면 자연스럽게 알게 된다. **귀엽다는 감정은 굉장히 자연스럽고 기분 좋고 잔잔한 감정인 것 같은데 사실은 저항할 수 없이 강렬한 감정이라는 걸 말이다.**

푸바오의 영상 콘텐츠는 코로나로 사람들이 집 밖에 나갈 수 없어서 온갖 콘텐츠와 영상에 사로잡혀 있던 시기와 맞물려 많은 사람의 눈을 사로잡았다. 푸바오는 사육사들이 정성들여 준비한 싱싱한 대나무와 당근, 사과, 워토우 등을 내키는 대로 먹고, 충분히 먹고 나면 어슬렁거리며 돌아다니거나 물장난을 치기도 하고 뜬금없이 앞구르기를 하기도 한다. 그러다 피곤해지면 굵은 가지가 둘로 갈라져 있는 어부바 나무(어부바 한 듯이 엎드려 걸쳐진 채 잠자기 딱 좋은)에 올라가 낮잠을 잔다.

푸바오는 유난히 눈이 맑고, 흰 털은 약간 누룻하고, 댓잎을 씹을 때는 양쪽 귀를 뾰족하게 세운다. 맑고 또 롱한 눈으로 정면을 응시하면서 왕밤 같은 코 아래 3자 모양 입으로 야무지게도 씹는다. 먹을 때 귀를 뾰족하게 세운다거나 코가 왕밤 같다거나 입이 3자라고들 묘사하는 건 모두 영상 콘텐츠와 판다월드에서 푸바오를 눈에 담고 또 담았던 팬들이 하는 얘기다.

20세기의 가장 위대한 시인으로 불리는 윌리엄 버틀러 예이츠는 "사랑은 눈으로 들어온다(Love comes in at the eye)"[2]**고 노래했다.** 20대 초반에 처음으로 이 구절을 읽었을 땐 외양의 아름다움으로 인해, 즉 시각적 자극으로 인해 사랑하게 된다는 의미라고 생각했다. 이런 외모지상주의라니! 하지만 살 만큼 살고 난 지금의 내가 느끼기에 그 말은, **보다 보면 사랑하게 되고, 사랑할수록 귀엽고 사랑스러운 점을 더**

많이 발견하게 되며, 사랑하지 않는 사람들은 알 수 없는 특별한 의미를 작은 디테일에 부여하게 된다는 뜻인 것 같다. 역시 위대한 시인이구나. 내가 한때 오해했던 이 구절은 인생과 사랑의 진리를 너무나 간명한 말로 정리해버린 절묘한 시구였던 것이다.

푸바오 콘텐츠는 나날이 조회수를 높여갔고 '사랑은 눈으로 들어왔다.' 랜선 집사를 자처하며 남의 고양이나 강아지 영상을 밤새 들여다본 사람도, 최애 아이돌의 콘텐츠를 복습하느라 현생을 포기해본 사람도 모두 경험해본 과정이다. 유튜브에서 푸바오 콘텐츠 조회수가 올라갈수록 익명 커뮤니티의 푸바오 게시판에는 나날이 상주하는 사람들이 늘어갔고 사육사들이 TV에 출연하는 등 그 인기와 화제성은 끝을 모르고 올라갔다.

태어난 지 만 2년이 되기 전까지는 사육사들이 철창 없이 접촉할 수 있기에 사육사들이 안아주고 업어주고 놀아주는 모습이 노출되면서 관계성 스토리는 더욱 풍성해지기 시작했다. 사육사들의 장화에 매달리며 놀아달라고 조르거나 사육사가 기껏 심어놓은 남천나무를 쓰러뜨리며 앞구르기를 하는 모습에서 못 말리는 장난꾸러기 악동의 모습을 보고, 나무에 오르는 푸바오를 끄집어 내리며 마치 '위험해~!'라고 주의를 주는 듯한 엄마 아이바오의 모습에서 부모와 자식의 서사를 읽는다. 방사장에 나왔다가 다시 내실로 들어가는 '퇴근' 시간, 마치 떼를 쓰는 아이처럼 안 들어가겠다고 버티는 모습에 천진한 어린아이의 모습을 투영한다.

인간은 점이 세 개만 있어도 그걸 눈·코·입으로 보고 얼굴처럼 느낄 정도로 의인화에 능하다. 이것이 한편으론 인간이라는 종족의 귀여운 점 중 하나라고 생각한다. **점 세 개에도 그런 마음을 느낄 정도인데 대상에 공감하고 마음을 주는 과정에서 의인화를 하면서 애착을 갖고 좋아하게 되는 건 자연스러운 일이다.**

사랑이 불타오를 때 연인들이 서로 '애칭'을 부르듯, 사랑할수록 별명이 많아지는 법. 푸바오도 별명 부자가 되었다. 용인 에버랜드에 산다고 '용인 푸씨', 땅에 떨어진 사과도 흙 묻을세라 씻어줄 정도로 사육사들이 귀하게 키운다고 '푸공주'라고 불리는가 하면, 뚠뚠(?)한 몸매가 귀엽다고 '푸뚠뚠', 판다곰 공주라고 '곰주님'이란다. 뭔가를 집중해서 먹을 때 귀를 토끼처럼 쫑긋 세운다고 '푸끼'라는 별명도 있다. 모두 팬들이 애정이 듬뿍 담긴 눈으로 보고 또 보았기에 만들어줄 수 있었던 별명들이다. 외국 팬들이 지어준 별명도 있다. 중국 SNS에서는 한국 재벌가(삼성 에버랜드)에서 공주처럼 귀하게 자랐다고 '재벌집 공주 판다'라고 불린다고 한다.

　팬덤의 이름도 있다. 아이돌이나 인플루언서들은 보통 팬덤이나 구독자가 어느 정도 집단이라고 부를 만한 덩어리가 되면 팬덤 이름을 짓는다. 누가 뭐래도 판다 중 가장 셀럽인 푸바오가 없을 리 없다. 푸바오 팬덤의 이름은 푸바오 덕후, '푸덕이'다. 커뮤니티에서 시작된 '돌멩이'라는 이름도 있다. 판다는 시력이 나빠서 멀리 철책 넘어 둘러서 있는 팬들이 아무리 불러본들 판다 눈에는 동글동글 까만 돌멩이처럼 보인다고 한다. 그래서 '돌멩이'다.

　하지만 판다인 푸바오에게 인간 세상이 어떻게 돌아가든 알 바

아니다. 푸바오는 자기의 인기 따위는 전혀 의식하지 않을뿐더러 어떤 행동에도 의도가 있을 리 없다. 뭐든지 하고 싶은 대로 하고 잘 먹고 잘 자는 것만으로 모두에게 사랑받지만 푸바오는 그런 사실에 특별히 의미조차 두지 않는다. 그걸 보고 있노라면 보는 사람까지 왠지 느긋하고 마음이 평온해진다. 사실 **푸바오가 귀엽다고 느끼고 사랑하는 범위 안에는 이 무심함, 의도가 없고 계산하지 않으며 평화롭고 아무 계획이 없는 이 무해함까지 포함된다. 실은 어쩌면 그것이 귀여움의 본질인지도 모른다.**

영원한 아기 판다, 푸바오가 남긴 것

푸바오는 그렇게 탄생부터 귀하고 특별한 판다였지만, 사실 푸바오 신드롬이 본격적으로 터지기 시작한 건 2023년 초부터다. '푸바오'를 언급한 뉴스 기사 수의 추이를 보면 2023년이 지나서야 급증하는 양상을 보인다. **푸바오의 중국 귀환이 약 1년여 앞으로 다가오면서 희소성의 법칙이 발동한 덕분이다.**

푸바오의 영상들은 더욱 빠르게 조회수를 끌어모았다. 에버랜드 공식 인스타그램의 팔로워와 유튜브 채널 구독자 수는 하루가 다르게 늘었다. 각 채널에는 스스로 랜선 이모를 자처하는 팬들이 모여들었다. SNS에는 국경이 없기에 콘텐츠를 통해 한국을 넘어 해외에서도

● '푸바오' 언급 뉴스 기사 건수 월별 추이

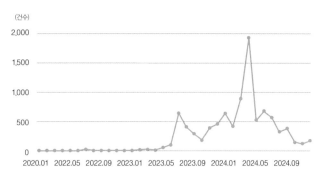

출처: 대홍기획 소셜빅데이터분석플랫폼 디빅스

팬들이 찾아왔다. 댓글에는 중국어, 영어, 베트남어, 아랍어 등 다양한 언어가 눈에 띄었다.

팬심이 나날이 뜨거워지는 가운데 시간은 끊임없이 흘러 푸바오가 돌아갈 날이 가까워지고 있었다. 푸바오를 보낼 수 없다는 댓글이 빗발치고, 사육사들이 낸 푸바오 포토 에세이는 베스트셀러가 되었다. 요즘 Z세대는 tvN 〈유 퀴즈 온 더 블럭〉 출연을 곧 '성공의 척도'라고 생각한다는데 에버랜드 판다 사육사들은 번갈아가며 무려 세 번이나 출연했다. 한 지상파 채널에는 푸바오와 사육사의 케미를 보여주는 정규 프로그램이 편성되기도 했다.

푸바오에 대한 사람들의 애정이 얼마나 대단한지 가장 극명하게 알 수 있었던 건 푸바오가 떠나던 날이었다. 푸바오를 배웅하려는 사람들이 에버랜드를 세 바퀴 반쯤 둘러서 줄을 섰다는 소식이 X(엑스, 구 트위터)와 커뮤니티를 통해 실시간으로 전해졌다. 하필 장대비까지 쏟아져 우산을 받쳐 들고 우비를 입은 채 에버랜드 앞에 모인 사람들은 이미 공지가 된 대로 푸바오를 직접 볼 수 없었고, 다만 푸바오가 탑승하고 있는 트럭을 보는 게 고작이었다. 그럼에도 사람들은 무진동 트럭에 랩핑된 맑은 눈빛의 푸바오 사진을 보며 눈물을 흘렸다.

그렇게 푸바오는 2024년 4월 3일, 중국으로 돌아갔다. 2017년 일본에서 태어난 판다 샹샹이 중국으로 돌아가던 날, 샹샹의 이름을 연호하며 눈물을 흘리고 나리타 공항 활주로에서 이륙하는 비행기를 끝까지 바라보며 배웅하는 일본인들을 보고 일각에서는 "아휴, 정말 일본 사람들 유난은 알아줘야 한다"는 얘기가 나왔던 적도 있었다. 일찍이 '오타쿠'라는 신조어를 탄생시키며 좋아하는 것에 유별나게 몰입하는 모습을 하나의 사회현상으로 인정하게 만든 것이 일본 사람들 아니던가. 하지만 웬걸, 에버랜드 앞에서 푸바오가 탄 랩핑 트럭을 보며 빗속에서 우비를 입고 서럽게 울던 우리나라 사람들을 보니 정말이지 더하면 더했지 다른 나라 사람들 뭐라 할 계제가 아니었다.

내가 키우지도 않은 야생동물, 철책 너머로 보고 랜선으로 본 게 전부인 판다와의 이별을 이토록 슬퍼하다니, 하필 비까지 와서 어두운 색 우비를 입은 채 고개를 숙이고 눈물을 흘리는 사람들의 모습은 어찌 보면 기괴하고 어찌 보면 광기가 한 스푼쯤 느껴진다고 할까. **한편으로는 인간이 아닌 판다의 마음속은 아무도 모르는데, 잔뜩 모여들어서 너무나 인간적인 감정을 아낌없이 드러내는 모습이 약간은 감동적이기도 하고 '귀엽'기도 하고.** 아니나 다를까, 이 모습은 실시간으로 X(구 트위터)와 커뮤니티를 통해 전파되었고, 그날 저녁 뉴스의 주요 장면이 되었다.

푸바오가 중국에 막 도착했을 땐 혹시나 우리 귀한 푸공주를 누가 푸대접할세라 도끼눈을 뜨고 지켜보는 팬들이 많았던 탓에, 미국 언론《월스트리트저널》은 푸바오가 중국에 도착한 날「참을 수 없이 사랑스러운 존재의 가벼움(The Unbearable Lightness of Being Adorable)」이라는 헤드라인을 뽑은 데 이어, 중국에 도착한 후에도 한국 팬들의 다소 신경질적인 관심이 이어지는 현상을 들어 "China's Panda Diplomacy Tested as Fight Erupts Over Fu Bao(푸바오를 둘러싼 싸움으로 중국의 판다 외교가 시험대에 오르다)"라고 적기도 했다.

그토록 많은 사람들의 마음이 향하는 곳이다 보니 푸바오 신드롬의 경제적 효과는 얼마나 되는지에도 많은 관심이 쏠렸다. **사람들의 마음과 관심은 집객과 트래픽으로 확인되고 그것은 곧 돈이 된다.** 푸바오를 향한 사람들의 마음을 두고 경제적 효과를 논한다는 건 마음이 아플 수 있지만, 자본주의에 잠식당한 인간 세상에서는 피할 수 없는 논의다.

우선 푸바오로 인한 경제 효과가 정확히 산출되거

나 발표된 바는 없다. 다만 판다 상상이 있었던 일본 우에노 동물원이 추산한 바에 따르면 새끼 판다가 주는 경제 효과가 약 267억 엔으로 보고된 바 있다고 한다. 새끼 판다가 있었던 시기와 없는 시기의 동물원 방문객 수, 매출액 차이로부터 추정한 것으로 보인다. 다만 에버랜드는 판다월드의 흥행 덕에 확실히 반사이익을 누렸다. 에버랜드에 따르면 푸바오가 일반에 공개된 2021년 1월부터 2024년 3월까지 판다월드에 입장한 방문객 수는 550만 명에 달한다. 2시간 기다려 단 5분 관람을 위해 판다월드에 오는 방문객 수가 하루 7,000~8,000명에 이른다는 이야기를 사육사가 방송을 통해 이야기한 바 있다. 폐장 시간까지 반복해서 줄 서서 관람한 후 다시 줄을 서서 판다월드에만 입장하는 관람객들도 있다고 한다. 푸바오가 에버랜드를 떠나던 날에도 현장에 운집한 인원은 6,000여 명에 달했다.

2023년 5월부터 2024년 4월까지 1년간 전년 동 기간 대비 에버랜드 입장객 수는 30% 늘었다고 하는데, 이동과 모임의 제한을 완전히 해제하는 엔데믹 선언이

2023년 5월이었기에 전년과 단순 비교하기에는 다소 무리가 있어 보인다. 그러나 삼성물산 공시자료에 따르면, 에버랜드를 운영하는 리조트 부문은 2021년 322억 원의 영업손실을 냈으나 2022년에는 566억, 2023년에는 661억 원의 영업이익을 기록한 것을 볼 때, 팬데믹 이후 리조트 부문의 손실을 이익으로 전환하는 데 판다월드의 효과도 어느 정도 있었을 것이다.

에버랜드 공식 유튜브 채널은 2023년 7월 업계 최초로 구독자 수 100만 명을 돌파했고, 이제는 150만 명을 향해 가고 있다. 이 채널의 조회수는 2024년 2월 기준 5억 뷰를 넘겼다. 푸바오와 관련해 출간된 서적들은 바로 베스트셀러 순위권에 올랐다. 이미 포토 에세이만 4권이 출간됐다. 심지어 2024년 9월에는 푸바오와의 만남과 이별까지를 그린 소프트 다큐 영화가 개봉했다.

지금까지 출시한 푸바오 굿즈는 400여 종, 330만여 개가 팔렸다. 푸바오 신드롬이 더욱 정점을 향해 가던 2023년 12월, 여의도 더현대서울에서 열린 푸바오 팝업 스토어에는 2주간 2만여 명이 방문했고 11만 개의 굿즈가 팔렸으며 10억 원에 달하는 매출을 올렸다. 온 갖 굿즈를 한아름 안고 수십만 원을 기꺼이 결제하는 사람들의 얼굴은 행복감으로 빛났다. **고물가, 고금리, 고환율로 소비심리가 잔뜩 위축됐다고, 젊은 사람들일수록 소비여력이 더 큰 폭으로 줄어들었고 연말도 연말 같지 않다고들 하던 와중에 일어난 일이었다.**

소비의 언어와 함께 증가하는 귀여움의 감성

처음으로 귀여움의 움직임이 심상치 않다는 걸 발견했던 건 2022년 가을이었다. 푸바오 신드롬이 본격적으로 일어나기 직전이다. 다음 해 소비 트렌드 전망을 위한 분석을 진행하던 때였는데, 소셜빅데이터[3] 분석 전문가로 SNS 상의 게시글들이 품고 있는 소비의 언어들이 어떤 상품, 브랜드, 감성어와 함께 엮여 있는지 분석 중이던 팀원이 흥미로운 패턴을 발견했다며 보여주었다. '사다, 결제하다, 구매하다, 구입하다, 사고 싶다, 지르다, 쟁이다…' 등 사람들이 다양하게 사용하는 소비의 언어와 함께 언급된 감성어들 중 '귀엽다'의 언급량이 2020년 이후 두드러지게 상승하고 있다는 것이다.

● 2022년 소비 감성 연관어

순위	감성 연관어	언급량
1	좋다	187,413
2	맛있다	83,341
3	예쁘다	41,848
4	귀엽다	39,943
5	괜찮다	38,420
6	편하다	27,009
7	싸다	24,061
8	아쉽다	21,191
9	만족하다	19,069
10	비싸다	18,200

● 소비×귀엽다 언급 추이

2013년 2014년 2015년 2016년 2017년 2018년 2019년 2020년 2021년 2022년

출처: 대홍기획, D.라이프.시그널(D.LIFE.SIGNAL) 트렌드 리포트

사실 평범한 사람들이 뭔가를 사거나 선택하는 소비의 과정에서 말하는 감성어들은 특별하지 않다. 굳이 Top 10 안에 들지 않는 특별한 형용사를 사용해서 상세하고도 생생한 묘사를 하는 사람들은 매우 드물다. 게다가 사람들의 생각이나 언어 습관은 어지간해서는 급격히 변하지 않기에 연관어 순위 Top 5 이내로 색다른 키워드가 진출하는 일도 흔치 않다. 그래서 정말 엄청난 변화가 있지 않고서야 어떤 주제든 소셜빅데이터 분석을 해서 매년 연관어를 뽑아봐도 Top 5 안에 들어 있는 키워드가 달라지는 경우는 거의 없다. 그래서 변화나 비상함을 포착하기 위해서는 보편적으로 많이 나타나는 상위권은 놔두고 아래쪽 순위를 살핀다. 대개 변화는 작은 곳에서 시작되기 때문이다.

그런데 2022년 소비의 언어와 함께 다니는 감성 연관어 순위에서는 '귀엽다'가 4위로 나타났다. 그 위에는 '좋다', '맛있다', '예쁘다'가 있고 바로 아래에는 '괜찮다'가 있다. 모두 소비나 구매 상황에서 습관처럼 빈번하게 사용되는 감성어들이다. 그런데 '귀엽다'가 무려 '괜찮다'를 제치고 Top 5 안에 이름을 올렸다는 건 일반적인 상황은 아니다. 사람들은 최상은 아니지만 그래도 나쁘지 않을 때, 제법 살 만하거나 먹을 만할 때 '괜찮다'고 말한다. 어떨 땐 매우 좋을 때도 약간 시크하게 '괜찮다'고 표현하기도 한다. 그런 '괜찮다'를 제치고 '귀엽다'가 높은 순위에 올랐다는 건 특이한 일이다. **한국인들이 뭔가를 사거나 원하는 소비와 욕망의 메커니즘에 '귀엽다'는 감성의 영향력이 커지고 있다는 증거였다.**

소비의 언어와 '귀엽다'는 감성어가 함께하는 빈도가 높아졌다면 마땅히 대상이 되는 아이템이 있을 터. 어떤 아이템들을 원하거나 살 때 '귀엽다'는 감성이 등장했는지 살펴보았다. 소비의 언어와 '귀엽다'가 함께 언급된 글 속에 어떤 상품이나 브랜드가 있었는지 들여다본 것이다.

2022년 당시 가장 화제가 된 건 역시 SPC삼립의 포켓몬빵이었다. 겉 포장에도 피카츄, 파이리, 로켓단 등 주요 캐릭터들이 그려져 있지만 무엇보다 중요한 건 빵 포장 안에 랜덤으로 들어 있는 포켓몬 '띠부띠부씰'이다. 일련번호가 붙어 있는 이 띠부띠부씰을 모으기 위해 사람들은 물류차가 들어오는 시간에 맞춰 편의점을 돌았다. 수요를 공급이 따라가지 못해서 한 번에 각

© SPC삼립 공식 인스타그램

편의점에 분배되는 포켓몬빵의 개수는 많아야 두세 개였다. 재미있는 건 이걸 원하는 사람들이 어린이만이 아니었다는 것이다. 초등생은 물론이고 초등생 부모, 어린 시절부터 포켓몬 콘텐츠를 보고 자란 청소년과 젊은 세대도 이에 가세했다. 2022년 최고의 귀여움 소비는 포켓몬빵이었다.

노티드 역시 2022년의 귀여움이었다. 노티드는 오픈런, 웨이팅하는 디저트 브랜드의 시초다. 독특한 시그니처 제품과 브랜드 이미지, 그리고 다양한 컬래버레이션을 통해 주목받는 디저트 브랜드로 빠르게 성장했다. 핑크·민트·노랑 등 부드럽고 따뜻한 파스텔톤의 컬러,

웃는 얼굴을 형상화한 심벌 '스마일리', 동글동글한 폰트의 텍스트 등 매장과 패키지 등 브랜드 전반에 걸쳐 크림이 가득 찬 퐁신(?)한 도넛과 잘 어울리는 밝고 귀여운 분위기를 연출한 점이 특징이다.

주기적으로 한정판 도넛을 출시하는가 하면, 반쯤 뜬 눈에 파스텔톤 컬러가 귀여운 '슈가베어'와 입가를 핥는 듯 혀를 내민 '크림버니' 캐릭터를 비롯해 도넛 모양의 쿠션, 파우치, 스티커, 머그컵, 문구류 등 귀여운 굿즈들을 함께 내놓으면서 화제를 일으켰다. 인스타그램에 '도넛 도장 깨기', '도넛 인증샷 찍기'를 확산시키면서 팬덤을 가진 디저트로 자리매김했다. **이처럼 포켓몬빵과 함께 노티드는 캐릭터, IP 마케팅 전성시대의 신호탄을 쏘아 올렸다.** 또한 롯데웰푸드(구 롯데제과), 갤럭시, 마켓컬리, 무신사, 신세계푸드, 신한카드, 이니스프리, 이랜드 스파오, GS25 등 쟁쟁한 브랜드들과의 컬래버로 기획 상품이나 굿즈 등을 출시하면서 'MZ가 열광하는 디저트'로 폭발적 인기를 끌었고, 이후 다양한 컬래버와 캐릭터 IP 활용 마케팅의 가장 중요한 레퍼런스가 되었다.

그해 사람들이 '귀여워서' 샀던 아이템으로 크록스 지비츠 참도 빼놓을 수 없다. 일명 '못난이 신발' 크록스의 구멍에 끼워 넣어 장식하는 지비츠 참

ⓒ 카페노티드 공식 인스타그램

은 '별다꾸(별걸 다 꾸미는 것)' 트렌드 중 하나인 '신꾸(신발 꾸미기)' 트렌드가 이어지는 가운데 2022년에는 한국 단독 K 지비츠™ 참을 내놓아 화제와 인기를 모았다. 지비츠 참 역시 주기적으로 신상품을 출시하고 한정판, 시즌별 컬렉션 등 다양한 종류를 내놓곤 하는 터라 인기 디자인은 빠르게 품절된다. 각종 꾸미기 트렌드는 현재까지도 유지되고 있는 덕에 2024년 5월에는 롯데백화점이 롯데월드몰에 크록스 팝업 스토어를 열고 지비츠 참을 비롯해 꾸미기 관련 콘텐츠를 선보이기도 했다.

이처럼 2022년을 강타한 히트 상품들, SPC 포켓몬

© 크록스 공식 페이스북

빵과 노티드 도넛, 크록스 지비츠 참은 '귀엽다'는 것 외에 또 하나 공통점이 있었다. 모두 품귀 혹은 빠른 품절로 화제가 되었다는 것. **결국 이것들은 모두 '귀여워서 귀해진' 것들이다.** 그리고 해를 넘겨 2023년이 되자, 푸바오가 귀여움의 정점을 찍었다. 푸바오의 중국 귀환이 2024년 봄으로 예정된 것이 널리 알려지면서 푸바오를 국내에서 볼 수 있는 날이 얼마 남지 않았다는 점이 신드롬을 부채질했던 것이다. 귀한 것은 결국 갈급함을 낳는 법. 그리하여 2023년 판다 푸바오는 가장 귀엽고도 귀한 것이 되었다.

호텔과 유통가를 점령한 곰돌이들

귀여움이 사람의 마음을 무장해제시키고 지갑을 열게 한다는 건 이미 공공연한 사실이 됐다. 이 책을 쓰기 시작할 때만 해도 공공연한 비밀 정도는 되었는데 이제는 장안의 화제가 되어버렸다. 당대의 화제나 유행을 가장 먼저 받아들이고 선보이는 호텔과 유통가는 이미 귀여운 것들이 점령했다. 우선 2024년 연말 주요 호텔들이 내놓은 곰인형 MD 상품이 저마다 높은 판매고를 올려 화제가 됐다. 사실 잘나가는 호텔치고 웬만하면 '곰돌이' 한 마리쯤은 '원래' 데리고 있었지만 최근에 이것이 각별히 화제가 된 건 역시 귀여움의 비밀이 베일을 벗은 덕분일 것이다.

정말 케이크 맞나 싶도록 정교한 신라 베어즈 위스퍼 케이크
ⓒ 호텔 신라 공식 홈페이지

호텔가를 주름잡고 있는 곰돌이들은 실적이 남다르다. 먼저 호텔신라의 자체 캐릭터 '신라 베어'가 있다. 굉장히 클래식한 디자인의 신라 베어는 테디베어의 초기 버전을 떠올리게 한다. 신라 베어는 꽤 오래 전부터 신라호텔의 패키지 상품이나 MD 상품에 활용돼왔는데, 이번 크리스마스에는 겨울 한정판 에디션 인형이나 키링은 물론이고 놀랍도록 정교한 신라 베어 모양 케이크 '신라 베어즈 위스퍼'가 나와서 X(구 트위터)와 커뮤니티에서 화제가 되었다. 매우 높은 가격에도 불구하고 예약이 몰려 생산량을 늘렸는데도 조기 마감될 정도로

크리스마스 테마 한정판 곰인형
ⓒ 한화호텔앤리조트 공식 홈페이지

인기였다고 한다.

한화호텔앤리조트는 매년 테디베어뮤지엄과 협업해 크리스마스 테마 한정판 곰인형을 제작하는데, 2024년 연말 판매량은 전년 대비 아홉 배 이상 늘었다. 이랜드 그룹의 켄싱턴호텔앤리조트도 2024년 여름부터 도어 맨, 셰프, 총지배인, 룸메이드 등 다양한 호텔리어를 모델로 한 '켄싱턴 시그니처 베어' 시리즈를 순차적으로 내놓고 있던 중 크리스마스를 앞두고 곰인형 '메리베 어' 한정판 굿즈를 출시했다. 호텔에 따르면 크리스마스 를 맞아 인형과 키링으로 꾸민 트리를 선보이자 호텔

켄싱턴 시그니처 베어 시리즈
ⓒ 켄싱턴호텔앤리조트 공식 홈페이지

PB 상품 매출이 전년 같은 기간보다 20% 증가했다고
한다.

하지만 그저 부수적인 매출이 발생해서 그것만이
좋은 일일까? **측정되지 않지만 더 중요한 건 따로 있다. 호텔 곰
인형들은 사람들의 마음에 그보다 더 따뜻한 것을 남긴다.** 호텔
은 비일상의 공간이면서 제2의 집이어야 하는 공간이
다. 일상의 상처가 없는 공간[4]이면서도 집과 같이 아늑
하고 편안한 공간이어야 한다. 그래서 호텔들은 단지 인
테리어 디자인이나 빈틈없는 서비스 외에 그런 감성을
줄 수 있는 다양한 수단을 활용한다. 그중 하나가 곰인
형이다.

물론 사람들이 곰인형 때문에 호텔에 가지는 않겠지만 호텔에서 데려온 곰인형은 집 안 어딘가에 소중히 간직하거나 장식할 것이다. 그리고 그것들을 볼 때마다 떠올릴 것이다. '저 귀여운 것을 언제 어떤 호텔에서 데려왔었지? 그때 참 즐거웠지…' 하는 식으로. 귀여워서, 그 시간을 기념하기 위해 데려온 곰인형들은 그 당시의 좋은 기억을 상기하게 하고 언젠가 다시 방문하게 할 수도 있다. **기억보다 기록이 힘이 센 것처럼, 기억을 간직하기 위해 사진을 찍고 블로그나 브이로그를 남기는 것처럼 호텔의 곰인형은 귀엽고 아늑하고 푸근한 기억을 상기시킬 것이다.**

곰인형이 있는 풍경을 상상해보자. 사람마다 다른 그림을 떠올리겠지만 나의 경우는 어릴 적 읽었던 『소공녀』나 『성냥팔이 소녀』에 나올 법한 이미지가 떠오른다. 바깥에 흰 눈이 펄펄 내리는데 창문에 성에가 낄 정도로 방 안은 따뜻하게 데워져 있고 그 온기는 장작이 환하게 타고 있는 벽난로에서 나온 것이다. 난로 앞에는 갈색 스웨이드 천에 싸인 소파, 그 위에 빨간 체크무늬 담요, 소파 옆에는 반짝거리는 오너먼트가 가득 장

나의 의식이 만들어낸 곰인형이 있는 풍경 − DALL·E

식된 크리스마스트리가 있고, 은으로 된 촛대에는 환하
게 밝혀진 초가 대여섯 개, 촛불은 벽에 일렁이는 그림
자를 만들어내고 있다. 그리고 트리 아래 혹은 소파 위
에 갈색 헝겊으로 만들어진 곰인형이 있는 모습.

　이건 나의 의식이 만들어내는 곰인형이 있는 풍경이
다. 바깥은 살을 에듯 춥지만 곰인형이 있는 방 안은 따
뜻하고 아늑하고 평온하기 그지없다. 사람에 따라 구체
적인 이미지나 감성의 강도는 다르겠지만 대부분의 사
람들에게 **곰인형은 따뜻하고 포근하며 편안한 감성의 트리거가
되는 것만은 분명하다. 그런데, 대체 왜 곰일까?**

곰인형이 귀여움의 아이콘이 된 사연

푸바오도 판다긴 하지만 판다'곰'이고, 앞서 소개한 호텔들이 하필 곰을 내세우고 있다는 게 흥미롭다. 물론 그랜드 하얏트 호텔처럼 강아지 마스코트를 내세우는 곳도 있다. 그랜드 하얏트는 2024년 여름 '강아지 호텔리어'라는 콘셉트로 '하이(HY)'라는 이름의 귀여운 강아지 마스코트를 소개했다. 하지만 유통가 자체 캐릭터 중 가장 성공했다는 평을 듣고 있는 롯데 벨리곰도 핑크색 곰이고, 전형적인 곰인형으로 시작해 다양한 봉제인형을 만들고 있는 빌드어베어(Build-a-Bear)도, 컬러풀한 케어베어(Care-Bears)도 근본은 곰이다. 도넛 브랜드 노티드의 메인 캐릭터도 '슈가베어', 즉 곰이고, 약

ⓒ 벨리곰 공식 인스타그램

ⓒ 케어베어 공식 인스타그램

ⓒ 빌드어베어 공식 인스타그램

ⓒ 유랑(yurang) 공식 인스타그램

간 허술한 생김새 때문에 흙 묻은 감자라는 '썰'도 있었던 '망그러진 곰'은 사실 이름부터가 확실히 곰이다.

이미 양순한 초식동물이 된 판다는 예외로 하더라도 "곰은 사람을 찢어"라는 말이 있을 정도로 곰은 사실 흉폭한 동물이다. 저 곰인형이나 곰 캐릭터들의 생 김새에 야생의 곰과 비슷한 구석은 별로 없다. 벨리곰 은 애초에 봉제인형의 모습을 하고 있고, 다른 호텔이 나 브랜드가 내세운 곰들도 마찬가지다. 그런데 어쩌다 가 곰이 귀엽고 사랑스러울 뿐 아니라 포근하고 아늑한 기분이 들게 하는 상징물이 된 걸까?

동물원에서 실제 곰을 보았을 때는 오히려 괴리감 을 느낄 정도로 사람들이 떠올리는 곰의 이미지는 곰인 형 쪽에 가깝다. **어릴 적 선물받거나 안고 잤던 곰인형, 그것을 끌어안았을 때의 포근한 느낌, 미디어를 통해 학습한 곰인형의 이 미지들이 곰이라는 동물에 대해 귀엽고 아늑하고 포근한 감성을 환 기한다.** 결국 직간접적 경험과 기억, 문화적 재해석의 영 향이다. 사실 동물의 가죽이나 헝겊으로 만든 인형을 장난감으로 갖고 놀거나 장식물로 활용하는 건 아주 오 래 전으로 거슬러 올라가야 할 일이지만 주술적 의미 가 아니라 포근한 장난감의 용도로, 사람이 아니라 동 물을, 그것도 곰을 대상으로 한 건 대략 100여 년 전으 로 추정된다. 바로 테디베어다.

1902년과 1903년, 거의 동시에 미국과 독일에서 현대적 의미의 곰인형이 탄생했다고 한다. 미국에서는 브루클린의 장난감 가게 주인 모리스 미첨(Morris Michtom)이, 시어도어 루스벨트 대통령이 사냥 중 새끼곰을 살려줬다는 일화가 만평으로 그려져 전국적으로 화제가 되자 여기에서 영감을 받아 '테디의 곰(Teddy's Bear)'이라는 이름의 인형을 만든 것이 시초로 알려져 있다. '테디(Teddy)'는 시어도어(Therdore)의 애칭이다. 이 인형은 곧 '테디베어'라는 이름으로 널리 알려지면서 빠르게 인기를 얻었다. 비슷한 시기 독일에서도 마르가레테 슈타이프가 이끄는 슈타이프사에서 곰인형을 만들었고 1907년에는 독일의 슈타이프사에서만 97만 5,000개의 테디베어를 판매할 정도로 유럽에서도 큰 인기를 끌었다. 이러한 초기의 성공은 산업화와 대량생산 기술의 발전, 그리고 국제무역의 확대에 힘입은 바가 컸다.

하지만 테디베어의 상징성 형성과 확산에 결정적 영향을 미친 건 제1차 세계대전(1914~1918)이었다. 전쟁으

로 독일산 테디베어를 수입할 수 없게 되자 영국, 프랑
스 등 다른 국가들에서 자체적인 테디베어 제조업이 발
달하게 되었다. 또한 전쟁터에 나가는 군인들은 테디베
어를 위안물로 휴대하기도 했다. **작고 부드럽고 귀여운 곰인
형은 군인들에게 단순한 장난감을 넘어 고향을 떠올리게 하고 정서
적 안정을 주는 물건이었다.**

　1920년대와 1930년대에는 세계 경제 대공황으로 인
해 테디베어 제조업이 어려움을 겪었지만, 오히려 이 시
기에 테디베어는 더욱 중요한 의미를 갖게 되었다. 경제
적 어려움과 불확실성 속에서 사람들은 정서적 위안을
줄 수 있는 물건을 찾았고, 테디베어가 그 역할을 하게
된 것이다. 제2차 세계대전(1939~1945) 동안에는 많은
테디베어 공장들이 군수품 생산으로 전환되었지만 역
설적으로 이 시기에 테디베어에 대한 간절함은 더욱 커
졌다. 전쟁의 불안과 공포 속에서 테디베어는 어린이들
이 꼭 끌어안고 잠을 청하며 포근함과 안정감을 느끼게
해주는 중요한 존재가 되었고 전선의 군인들에게도 소
중한 위안물이 되었기 때문이다.

1950년대 이후 베이비붐 세대가 등장하고 전후 회복기 경제성장과 함께 미국의 전형적인 중산층 가정이 형성되면서 테디베어 산업이 다시 활기를 띠기 시작했다. 아이들이 늘어나니 인형 수요도 늘어났다. 생산기술이 향상되고 새로운 재료가 도입되면서 형태, 촉감이 더욱 부드럽고 포근한 곰인형들이 나오게 되었다. 그사이 **곰인형은 곰이라는 동물의 원래 성질과의 연관성을 완전히 잃어버렸다. 작지만 둔중한 느낌을 주는 둥근 몸체와 마치 안아달라는 듯 무방비하게 벌어진 팔과 다리, 둥근 귀와 초점 없는 눈빛, 이빨이 보이지 않는 입. 이는 현실의 곰에서 흉폭함 등의 요소를 제거하고 순수하게 이상화한, 정확히는 인간화·유아화한 곰의 모습이다.**[5] 그래서 **곰 모양의 봉제인형은 오히려 약자의 특성−무력함과 무해함−이 인공적으로 응축된 귀여움의 결정체다.** 테디베어를 통해 귀여운 곰인형이 포근함, 아늑함, 안정감의 상징이 된 이후 만들어진 모든 곰인형들은 곰이 아니라 테디베어의 파생물이다.

만약 2번의 세계대전이 일어나지 않았다면 곰인형의 상징성이 이렇게 전 세계 구석구석 퍼질 수 있었을

까? 그렇지는 않았을 것 같다. 유튜브도, 틱톡도, 인스타그램이나 핀터레스트도 없던 시절이니 그저 미국과 독일에서만 제한적으로 귀엽고 포근한 상징성을 갖는 것에 그쳤을지도 모른다. 그런데 **20세기 초 전 세계가 휘말려 들어간 2번의 전쟁과 불황, 경제구조의 재편 등 어렵고 불안한 시기를 거치면서 귀엽고 포근한 곰인형은 어린이뿐 아니라 성인들에게도 심리적 안정감과 위안을 상징하는 문화적 아이콘이 되었고 이후 등장한 수많은 곰 캐릭터들의 원형이 되었다.** 이후 100여 년이 지나고, 다시 전 세계인이 불황과 불안 앞에 동시에 맞닥뜨린 팬데믹 시기부터 스퀴시멜로우, 빌드어베어, 케어베어 등 봉제인형 브랜드들이 위로 비즈니스 혹은 귀여움 비즈니스로 부상하기 시작한 것은 단순한 우연이 아니다.[6] 그리고 그 인형들의 메인 캐릭터가 대체로 곰이라는 사실도. 역시 귀여움은 불황과 불안의 시기에 떠오른다는 방증이 아닐까?

가방 끝에 달린 귀여움

　　요즘 젊은 사람들이 모여드는 학원가, 대학가, 핫플에 가보면 메고 있는 가방마다 뭔가 달려 있다. 대체로 털이 달린 동물 인형이 많다. 물론 애니메이션 캐릭터를 모티프로 한 피규어도 있고, 금속이나 아크릴 재질의 플레이트형으로 귀여운 이미지가 그려져 있거나 아이돌의 심벌이 그려져 있는 것도 있지만 메인은 역시 인형 키링이다. 열쇠가 꼭 달려 있는 건 아니지만 가방에 매달고 다닐 수 있는 금속 줄 따위가 달려 있는 걸 통칭해서 '키링'이라고 부른다.

　　젊은 사람들이 모이는 곳 어디에나 있는 소품숍에서도 귀여운 인형 키링은 메인 아이템이다. 이런 인형 키링 유행 조짐이 시작된 시점을 가만히 반추해보면 대략 2022년경부터인데, 이는 2023년에 크게 증폭되더니 2024년에도 그 흐름을 이어가고 있어서 이제는 유행이라고 말하는 것조차 너무 늦은 감이 있을 정도로 일반화됐다.

쓸모라는 관점으로 생각해보면 인형 키링이라는 물건은 심미성 이외에는 특별한 쓸모라는 것이 없는 물건이지만 주객이 전도되어 주력 상품이 아니었던 귀여운 인형 키링이 브랜드의 주력 상품이 되는 경우도 있다. 대구에서 음식과 내추럴 와인을 주로 판매하면서 취향에 맞는 소품을 곁들여 파는 가게, 주인장이 표방하기로는 식품점으로 출발한 브랜드인 모남희가 한정판으로 내놓은 '블핑이'는 처음엔 메인 상품이 아니었다. 그런데 블핑

블핑이 키링
© 모남희 공식 인스타그램

이의 인기가 치솟으면서 주기적으로 한정판이 나오는 메인 상품이 되었고 인형 키링의 3대장 중 대장 격이 되었으며 다양한 기업들과 컬래버를 할 정도로 모 브랜드 모남희가 주가를 올리는 데 가장 중요한 역할을 했다고 해도 과언이 아니다.

블랙핑크, 뉴진스 등 아이돌 멤버들이 디올, 샤넬 등 클래식한 명품 백에 헬로키티나 곰인형 등을 믹스매치해서 우아하면서도 키치한 스타일을 선보인 것 역시 인형 키링 유행에 불을 붙였다. 이런 키링의 유행은 2010년대 중반부터 꾸준히 이어지고 있는 레트로, Y2K 트렌드와 무관치 않다. 블랙핑크와 뉴진스도 따지고 보면 레트로와 Y2K 트렌드를 재해석해 부분적으로 혹은 전면적으로 활용한 아이돌이다.

과거를 떠올려보면, 2000년대 초반 이스트팩, 잔스포츠 등 백팩을 학교 지정 가방인 양 모두가 메고 다니던 시절이 있었다. 당시 가방에도 뭔가가 항상 매달려 있었던 기억이 아련하다. 2000년대 후반 스마트폰이 나오기 전, 1990년대 후반부터 2000년대 중반까지 폴더

폰, 터치폰 등 휴대폰을 쓰던 시절에는 디바이스에 반
드시 작은 고리가 달려 있었다. 여기에 키링을 연결해
서 인형은 물론이고 반짝이는 것, 전화가 울리면 불이
들어오는 것 등 다양한 장식물을 휴대폰에 주렁주렁
달고 다녔다. 그러나 2000년대 후반 애플이 고리 같은
것 없이 미끈하게 생긴 아이폰을 내놓으면서 휴대폰의
작은 고리는 사라졌고 귀여운 피규어나 인형 등이 주렁
주렁 달린 키링을 달고 다니는 유행도 함께 소멸했다.
그런데 그것이 2020년대 들어 가방에 매다는 키링으로
바뀌어 되살아난 것이다.

시간 차가 있지만 키링의 공통점은 역시나 작고 귀
여운 것을 매달고 다니기 위한 것이란 점이다. X(구 트위
터), 블로그, 인스타그램, 커뮤니티에서 '키링'과 자주 언
급되는 감성 연관어를 추출해 워드클라우드를 그려보
면 단연 '귀여움'이 가장 많다는 점이 확인된다. **역시 키
링의 덕목은 귀여움, 키링이란 귀여워서 사는 물건이다.**

한편 요즘 사람들이 가방에 달고 다니는 인형 키링
을 살펴보면 정말로 제각각이다. 누군가는 익히 알려진

실패 개맛 **귀엽** 예쁜 존맛탱
웃음 다행 **행복** **여유** 존맛 부실
기부 고민 **진심** **짱** **당첨** **득템** 감각적
기대 못생긴 대박 낭만 대만족
졸귀탱 **최애** **귀염뽀짝** 후회
러블리 응원 **귀여움** 특별 소중한 사람
고퀄리티 **감동** 당황 반짝반짝
강추 **사랑** **귀여운** 실용적 충동구매
대세 만족 센스 징크스
부담 매력적 **합리적** 졸귀 성공

'키링' 감성 연관어 워드클라우드(2022~2024)
출처: 대홍기획 소셜빅데이터분석플랫폼 디빅스

헬로키티나 산리오 등의 캐릭터 인형을, 누군가는 모남희에서 샀다는 곰 같기도 하고 고양이 같기도 한 인형을 달고 다닌다. 또 어떤 누군가는 소품숍에서 산 이름 모를 강아지를, 또 다른 누군가의 가방에 달린 건 직접 만들었다는 모루인형[7]일 수도 있고 소심한 자신을 응원하는 최고심 부적 인형일 때도 있다.

그런 맥락에서 요즘 키링 유행의 재미있는 포인트 중 하나는 인형 키링을 내 입맛에 맞게 커스터마이징하는 것이다. 인형 키링

모루인형 키링 DIY 키트
ⓒ 다이소 공식 인스타그램

부적 키링
ⓒ 최고심 인스타그램

3대장이라는 모남희 블핑이, 마뗑킴 토꽁이, 그레이맨
션 타조 등의 인형 키링은 그 자체의 인기도 인기지만
구입해서 자기 나름대로 옷을 입히거나 액세서리를 달
아주는 등 내 취향이나 선호, 희망을 담아 꾸며주며 노
는 것이 또 다른 재미다. 마치 인형놀이를 하듯이 샤넬
브로치를 달아준다거나 진주 비즈 목걸이를 둘러주는
등 내가 현실에서 하지 못하는 것을 시도해보기도 하
고, 내가 입은 옷과 비슷한 걸 입히고 패밀리룩 느낌을
내보기도 한다. 같은 인형을 달고 다녀도 내 나름대로
꾸며주고 리미티드 에디션 의상이나 액세서리를 더해

우드 인형 키링
ⓒ 마지셔우드 공식 인스타그램

블핑이 커스터마이징 키링
ⓒ 모남희 공식 인스타그램

주면 남과 다른 것이 된다. 이건 키링의 유행이 각종 꾸미기와 커스터마이징 유행의 부상과 그 시기를 같이하면서 상호 영향을 받은 면이 있다.

연결된 트렌드라 함께 짚고 넘어가자면, 커스터마이징 꾸미기 트렌드는 '다꾸'로 줄여 부르는 다이어리 꾸미기[8]가 거의 시초인데, 다꾸에는 작고 귀여운 손글씨를 쓸 줄 아는 재주와 역시 작고 귀여운 도구들이 필요하다. 보기 좋게 꾸미고 붙이고 기록한 다이어리는 완전한 자기만족용이다. 다이어리를 누군가에게 보여주기 위해 쓰는 일은 흔치 않으니 말이다. **몰입해서 꾸미는 시간 자체가 즐겁고, 시간이 지나 다시 본다면 무엇보다 스스로 뿌듯하고 그때의 기억을 세밀하게 떠올릴 수 있어 즐거울 것이다.** 다이어리니까 거의 그럴 일은 없겠지만 혹시 누군가가 봐준다면 내 개성이나 취향을 간접적으로 드러내는 방편이 될지도 모른다.

그런데 그것이 일부 신꾸(신발 꾸미기), 가꾸(가방 꾸미기) 등으로 번지더니 나중엔 별다꾸(별걸 다 꾸미기)가 되었다. 어떤 패션 매장에서는 아예 신발이나 가방을 고객들이 직접 전문적인 도구를 가지고 꾸미기를 할 수 있도록 장소를 제공하기도 한다. **커스터마이징된 '꾸미기'를 통해 기성 제품은 나만의 것으로 거듭나게 된다.** 전문가 손으로 꾸민 게 아니니까 조금은 서툴고 삐뚤삐뚤할지도 모른다. 하지만 그마저도 그 순간의 기억과 기분이 담겨 있어서 특별하다. 같은 브랜드 인형 키링을 구입하더라도 내 취향에 맞게 꾸미는 것, 이미 어떤 브랜드 인형 키링을 갖고 있는데도 다른 옷을 입고 있는 한정판 제품을 또 사들이는 것은 **매 순간의 기억과 기분은 다르기에 그것을 간**

다이소 다꾸 세트
ⓒ 다이소 공식 인스타그램

직한다는 것에 의미가 있다. 이건 덕질을 일상화한 세대가 공유하는 심리다. 덕후의 세심하고도 단련된 감각이란 머글들은 영영 모를 의미를 캐치하는 법이니까.

그런데 인형 키링 유행을 촉진한 블랙핑크나 뉴진스 등 셀럽들에게로 다시 돌아가 보면, 이들은 부와 명예를 다 가진 슈퍼리치이고 성공한 연예인이지만 한편으로는 아직 10~20대의 젊은 혹은 어린 사람들이다. 동경과 선망의 대상인 그들이 우아한 디자인의 고가 명품 백을 갖는 건 그들의 경제적 수준을 생각하면 너무나 자연스럽다. 그러나 핵심은 그 우아함과 관념적으로 거리가 멀어 보이는 귀여운 인형을 달고 다닌다는 대조, 그 갭(gap)에서 오는 키치함과 색다름이다. 다시 말해 **감각적이고 리치하지만 사실은 아직 어리고 귀여운 것에 열광하는 무심하고 해맑고 구김이 없는 태도를 가졌다는 느낌을 주는 것**, 그것이 눈에 보이지는 않지만 더 중요한 지점이다. 표면적으로 드러나 보이는 명품 백과 인형 키링이 아니라 사실은 언뜻 어울리지 않는 것처럼 보이는 두 물건이 한데 만난 것에 더 중요한 메시지가 담겨 있는 것이다. 이처럼 가방 끝에 매달린 귀여움에는 눈에 보이는 것 이상의 의미들이 함께 매달려 있는 셈이다.

소장하고 싶은 귀여움

사람들은 귀여운 것을 보면 행복하고 긍정적인 기분에 휩싸이게 되며 갖고 싶고 간직하고 싶은 마음을 갖게 된다. 구매욕과 소유욕의 직접적 트리거가 된다는 얘기다. 귀여움이 지금 주목받는 가장 중요한 이유다.

여기에 캐릭터 디자인을 입힌 체크카드의 완판 사례는 더할 나위 없이 딱 들어맞는 사례다. 우선 일찌감치 잘 키운 캐릭터 IP가 효자 노릇을 톡톡히 한다는 걸 보여준 카카오프렌즈 라이언 체크카드가 있었다. 2017년, 카카오프렌즈의 주요 캐릭터가 새겨진 카카오뱅크 체크카드는 출시 3일 만에 신청 건수 100만 건을 돌파하는 등 카드 시장에 캐릭터 열풍을 이끌었다. 특

히 누가 봐도 곰인형처럼 생
겼는데 사실은 '갈기 없는
수사자'라는 비하인드 스토
리를 가진 라이언의 인기가
심상치 않았다.

카카오프렌즈 체크카드
가운데 가장 많이 발급된
건 역시나 라이언이었다. 체
크카드 발급에는 돈이 들지

ⓒ 카카오뱅크 공식 홈페이지

않는 데다 귀여운 라이언이 그려져 있다니! 라이언 체
크카드의 인기는 라이언을 지갑 한편에 소장하고 싶은
사람들이 체크카드마저 일종의 굿즈로 받아들인 면이
적지 않았다.

이런 마음을 잘 활용한 덕분에 최초의 인터넷 뱅크
였던 카카오뱅크는 순조롭게 고객을 모으면서 안정적
으로 자리 잡았다. 라이언 체크카드를 갖기 위해 카카
오뱅크 계좌를 굳이 개설한 고객들도 많았다. 귀여운
것을 손에 넣기 위해 당시만 해도 낯설었던 인터넷 은

© KB국민카드 공식 홈페이지

행의 계좌를 기꺼이 개설한 것이다. 처음엔 그냥 카드만 받아둬야지 했던 고객들이 차차 젖어 들어갔음은 당연한 수순이었고, 나도 그중 한 명이었다. 그런 영향력 덕분에 라이언은 '카카오뱅크 은행장', 직급도 상무보다 높은 전무라며 '라전무'라는 별명까지 얻었던 걸 아마도 많이들 기억할 것이다.

푸바오도 비슷한 기록을 세웠다. KB국민카드는 2023년 12월, 푸바오 송환을 앞두고 'KB국민 에버랜드 판다카드 푸바오 에디션'을 출시했다. 판매를 시작한 후 영업일 기준 단 2일 만에 준비 수량이 조기 완판됐다고 한다. GS25는 일명 '푸통카드(푸바오 교통카드)', '푸바오 POP티머니 카드'를 출시했는데, 떠나는 푸바오를 기념해 푸바오를 간직하듯 카드를 소장하고 싶은 팬들은 GS25 편의점 순례를 마다하지 않았다.

이미 티머니는 푸바오 이외에도 BTS, 세븐틴 등 아이돌부터 산리오, 미니언즈 등 캐릭터의 모습을 담은 한정판 에디션 컬래버를 꾸준히 해온 바 있다. KB국민카드 역시 펭수, 짱구, 잔망루피, 최고심, 망그러진 곰 등 웬만한 인기 캐릭터들과 협업을 진행해왔다. 덕질의 기본이 포토카드 모으기라는 점을 일찌감치 공략한 것이다.

한편 아이돌 덕질 문화 속에서 생겨난 '최애 인형'을 소장하는 문화도 하위 문화에서 주류 문화로 떠오르고 있는 모양이다. 나는 2022년 초 입덕을 인정하면서 비로소 아이돌 팬덤 내의 이 흥미로운 문화를 직접 경험하고 알게 됐다. 최애 인형이라는 건 최애 아티스트의 어떤 특징을 형상화하거나 최애가 표방하는 캐릭터를 조그만 봉제 인형으로 만든 공식 굿즈 혹은 팬들이 자체 제작한 비공식 굿즈를 말한다.

보통 아이돌들은 자신을 상징하는 캐릭터 하나쯤은 갖고 있다. 그중에서 최애 인형은 말 그대로 최애의 상징이라 단순한 애착 인형 이상의 의미가 있다. 손 닿지 않는 곳에 있는 스타 대신 물리적으로 애정을 쏟을 유형의 대상으로서 덕후들은 늘 지니고 다니곤 한다. 특히 요즘 콘서트나 팬미팅을 기념해 한정 발매되는 굿즈에는 거의 반드시 아티스트를 상징하는 인형이나 인형 키링이 포함되는데, 팬덤 문화 내에서 최애 인형은 애착 대상일 뿐 아니라 덕후들의 중요한 리추얼에 쓰이는 필수품이기도 하다.

팬들은 X(구 트위터)나 오픈채팅방, 커뮤니티 등을 통해 '덕메', 즉 덕질 메이트가 되어 정보도 공유하고 최애의 생일이나 데뷔일 등 기념일에 함께 옥외광고 매체를 사거나 생일카페 등 이벤트를 함께 개최하기도 하면서 생각보다 어마어마한 일들을 함께 해낸다. 그런 '덕메'들이 실제 만나서 함께 음식을 먹거나 최애가 다녀간 '성지'를 순례할 때, 이를 기념하기 위해 반드시 하는 일종의 리추얼에 최애 인형이나 포토카드가 긴요하게 쓰인다. 이른바 '예절샷'을 찍는 것이다. 단순히 음식이나 장소를 찍은 사진이라면 시간이 흐를수록 의미가 휘발되지만, 각자의 포토카드나 최애 인형을 내밀고 함께 찍

아이돌 최애 인형   팬덤 예절샷

으면 최애에 대한 애정, 함께했다는 인증을 포함한 '예절샷'이 되면서 다 함께 얼굴이 나온 사진 이상의 의미가 생긴다.

이런 문화를 제대로 이해하고 장단을 맞춰주면서 선전하는 브랜드도 있다. 훠궈 전문점 하이디라오는 새벽까지 영업을 하고 단체 손님이 방문하기 적합해서 콘서트 뒷풀이 장소로 인기가 높다. 하이디라오는 이런 팬덤의 방문이 잦아지자 아예 최애 인형을 놓고 예절샷

촬영이 용이하도록 인형용 미니의자나 포토카드 받침대를 제공하는 서비스로 더욱 호평을 받았다고 한다.[9] 방문 고객의 특성, 그들의 독특한 문화를 세밀하게 파악해 귀여운 맞춤 서비스를 내놓아 만족도와 재방문율을 높인 훌륭한 사례. 거기에 자신들의 특성과 리추얼을 알아주고 존중해주니 고객들이 브랜드를 한결 가깝게 느끼게 되는 건 덤 이상의 이득이다.

캐릭터를 입힌 체크카드나 교통카드가 아이돌 포토카드처럼 빠르게 완판되는 현상이나 최애 인형을 늘 지니고 다니며 지극히 아끼는 현상은 귀엽고 애정을 가진 대상을 곁에 두고 싶어 하는 소유욕, 소장 욕구에서 비롯한다. 포토카드나 최애 인형은 아이돌 팬덤 내에서만 유효했던 문화였지만, 이것이 점차 확산해서 일반화되게 만든 것에는 Z세대의 공이 크다. Z세대는 누구나, 누군가의 혹은 무언가의 광팬이고 덕후라고들 한다. 덕질을 일상화한 세대, Z세대가 소비문화의 중심에 자리 잡으면서 덕질 문화도 대중 앞에 드러나 양지화되어 가고 있다. Z세대뿐 아니라 누구라도 귀엽고 애정하는 대상이 있다면 그 상징물을 갖고 싶어 하거나 가까이하는 것이 이상하지 않은 일, 당연히 할 수 있는 일이 되었다는 뜻이다. 또 한편으로, 현실적인 경제 감각을 지니고, 살 때부터 팔 것을 생각하면서 '당근'을 생활화하며, 소유보다 경험을 중시한다는 이들 Z세대가 반드시 소장하고 싶은 건 도리어 귀여워 마지않는 대상의 상징물이라는 건 눈여겨볼 만한 대목이다.

수집하는 귀여움

최근 '미니소'가 한국 시장에 재진출했다. 글로벌 라이프스타일 잡화점 미니소는 이미 2016년경 우리나라에 들어와 매장을 70여 개까지 늘렸지만 좋게는 '중국판 다이소', 나쁘게는 '짝퉁 다이소'라는 소리를 들었다. 미니소가 철수하기 전, 집 근처에 있던 미니소에 갔던 적이 있는데, 갖은 라이프스타일 소품들을 구경하다 유명하지는 않지만 폭신하고 귀여운 강아지 모양의 봉제인형 하나를 기념으로 사고 나왔던 기억이 있으나 그것이 전부다. 헝겊으로 된 인형을 좋아하는 우리 집 강아지가 잠시 열광하긴 했지만 내가 다시 갈 생각은 들지 않았다. 그게 나만의 느낌은 아니었던지 미니소는 결국

경영 악화로 2021년 한국 시장에서 철수했다. 그랬던 미니소가 글로벌 시장에서의 성공을 바탕으로 다시 들어온 것이다.

미니소는 한국 철수 이후 글로벌 IP와의 협업을 대폭 확대했다. '인생은 재미를 위한 것(Life is for Fun)'이라는 경영 모토만으로 기업 전략의 상당한 부분을 이해할 수 있다. 한마디로 쓸모 있는 것은 목표가 아니다. 감각적 디자인으로 감성적 충족을 주는 것이 이 브랜드의 지상 목표다. 미니소는 디자인 상품을 판매하는 잡화점에서 캐릭터 IP 컬래버 상품을 집중 판매하는 방향으로 전환해 디즈니, 해리포터, 산리오 등 150개 이상의 유명 IP와 파트너십을 맺고 관련 제품을 출시하는데, 무명의 캐릭터가 아니라 유명 브랜드나 캐릭터 IP 중심으로 협업을 하며, 매주 신상품을 내놓을 정도로 신속하게 기획하고 생산해서 효율을 높였다.

미니소 뉴욕 매장 앞에 늘어선 대기줄은 가벼운 충격이었다. 실적도 대단해서 미니소는 이렇게 전략을 바꾼 2021년 이후 3년간 해외 매장 수가 56.4% 증가했

© 미니소 글로벌 인스타그램

고 2024년 9월 기준 해외시장 누적 매출이 전년 대비 41%나 성장했다고 한다.[10] 다양한 캐릭터 상품을 한자리에서 만나볼 수 있다면 가지 않을 이유가 있을까? **디즈니 스토어와 산리오 갤러리를 따로 가야만 만날 수 있었던 캐릭터를 한곳에서 만나볼 수 있다는 건 매우 중요한 장점이다. 게다가 1~2주에 한 번씩 물건이 바뀐다면 주기적으로 가봐야 할 이유가 생긴다.** 다이소가 그토록 인기를 끌고 편의점이 근린 종합 생활 플랫폼으로서 안 파는 거 빼고 다 파는 리테일이 되어가는 것과도 같은 맥락이다.

한편 수집욕을 자극하는 귀여움을 모토로 하는 중국 브랜드는 또 있다. 중국 아트토이 브랜드 팝마트(POP MART)다. 팝마트는 세계 각국의 유명 아티스트들과 협업하여 다양하고 창의적인 디자인의 피규어를 선보이는 브랜드로 '몰리', '라부부' 등의 캐릭터가 팬덤을 형성할 정도로 유명하다. 다만 대부분의 캐릭터 기업들이 복잡한 세계관과 스토리를 구축하는 것과 달리, 팝마트는 의도적으로 캐릭터에 구체적인 스토리나 정체성을 부여하지 않으며 아티스트의 창의성을 최대한 반영한 예술성 높은 제품을 만드는 걸 목표로 한다는 점에서 미니소의 방식과는 완전히 다르다. 아티스트와의 협업으로 만든 캐릭터 IP가 〈오징어게임〉이나 〈해리포터〉와 같은 콘텐츠 IP와 제휴해서 한정판을 내놓기는 하지만 자체 캐릭터에 스토리를 부여하지는 않는다. 그래서 **팝마트는 어린이 고객이 아니라 성인 고객들의 수집 욕구를 자극하는 쪽에 가깝다.**

처음엔 안에 뭐가 들어 있는지 모르는 '블라인드 박스' 판매 방식으로 화제를 모았다고 한다. 도박 중독 같은 악영향을 미칠 수 있다는 이유로 미성년자에겐 판매하지 않았다. 명백히 키덜트를 타깃으로 하는 장난감인 셈이다. 최근 몇 년 전부터 중국에서도 키덜트 소비

© 팝마트 코리아 인스타그램

가 맹렬한데 이에 힘입어 팝마트는 중국을 넘어 전 세계적으로 빠르게 매장을 늘려나가는 중이다. 팝마트는 2019년 7월 한국 법인을 설립하고, 2020년 9월 코엑스에 첫 직영점을 열었다. 2022년 7월에는 서울 홍대에 400㎡ 규모의 플래그십 스토어를 오픈하며 본격적인 한국 시장 공략에도 나섰다.

수집욕을 자극하는 귀여움으로부터 세 가지 공통 패턴을 추출할 수 있다. 우선 **조형적 완성도가 높다는 점이다.** 한마디로 **생김새가 확실히 귀여워야 한다.** 이건 빠르게 긍정적 감정을 유발하고 무엇보다 첫 구매를 일으키는 조건이다. 그리고 두 번째로는 상품의 회전이든, 블라인드 박스 같은 판매 방식이든, 어떤 측면에서든 **한정판의 속성을 갖고 있어야 한다. 마지막은 연속성이다. 시리즈로 나와야 한다**는 얘기다. 변주된 새로움이 계속될 때 컬렉션을 완성하고 싶은 욕구가 자극받기 때문이다.

요즘 굿즈 마케팅이 크게 활성화돼 있는 것에서도 비슷한 맥락을 찾을 수 있다. 팝업을 기본으로 브랜딩 좀 한다는 집들은 대체로 굿즈를 내놓고 있는 상황인데, **쓸모라고는 없지만 단지 귀여워서 '사는 순간의 기분'이 리프레시 그 자체인 자잘한 물건들이 대체로 굿즈의 범위에 들어간다.** 보통 'ㅇ리단길'이라고 명명된 트렌디한 거리에는 한 집 걸러 소품숍과 인생네컷 류의 사진관들이 있다. 산책하듯 둘러보며 쓸모와 관계없이, 귀여워서 기분이 좋아지게 해주는 비싸지 않은 물건들을 사들이고, 그날을 기념하는 (혹은 기록하는) 사진을 찍는 것이 요즘 젊은 사람들의 유희 중 많은 부분을 차지한다.

어쨌든 현대인에게는 뭔가 새로운 것을 사는 것 자체가 최고의 유희 중 하나다. 즐길 거리, 볼 거리를 찾아와서 관련된 굿즈를 산다는 건 우선 뭐가 됐든 산다는 만족감을 준다. **세상은 넓고 갈 곳은 많으니 다시 오지 않을 이 곳의 방문 기록 겸 기념으로 굿즈를 산다.** 해외여행 가서 스타 벅스 시티컵이나 냉장고에 붙일 마그네틱을 사는 것과 다르지 않은 행위다. **결국 수집욕의 근원은 기억과 기록, 그리 고 기념이다. 그리고 높은 확률로 귀여움은 수집욕, 나아가 구매욕 을 자극하는 데 성공하는 편이다.**

만지고 싶은 귀여움

스퀴시멜로우는 워런 버핏이 투자한 봉제인형 브랜드로 유명하다. 2022년 10월, 워런 버핏이 이끄는 버크셔해서웨이는 스퀴시멜로우의 모회사인 재즈웨어를 116억 달러, 약 15조 5,000억 원에 인수했다. 버핏은 단순히 숫자와 수익성만을 고려하는 것이 아니라 사람들이 진심으로 사랑하고 애정을 가질 수 있는 브랜드, 무엇보다도 자신이 좋아하는 브랜드에 투자하는 것으로 알려져 있다. 코카콜라나 씨즈캔디가 그런 브랜드다.

스퀴시멜로우는 팬데믹 기간에 세계적으로 인기를 끌었던 플러시 인형 브랜드인데, '플러시(plush)'는 원단의 일종으로 표면이 짧고 촘촘하며 매우 부드러

© 스퀴시멜로우 인스타그램

운 털로 덮여 있어서 만졌을 때 포근한 감촉이 특징
이다. 우단이나 벨벳을 만질 때의 촉감을 떠올리면 된
다. 즉, 스퀴시멜로우는 인형의 몸체는 누르면 손가락
이 쑤욱 들어갈 정도로 말랑하면서도 쫀득쫀득하고
(squishy) 겉 표면은 극세사처럼 보드랍고 따뜻한 느낌
을 주는 플러시 천으로 덮여 있어서 폭신보들한 마시멜
로(marshmallows) 같은 봉제인형이다. 스퀴시멜로우의
인형들은 특별히 더 말랑말랑하고 폭신한 촉감을 지니

고 있어서 꼭 껴안으면 굉장히 포근하고 기분이 좋다.

이미 말했듯이 이 브랜드는 팬데믹 기간 동안 인기를 얻었다. 2차 대전 중 테디베어가 그랬던 것처럼, 집 안에 머물러야만 했던 시간 동안 어린이들뿐 아니라 성인들도 이 인형으로부터 크게 위로를 받았다. 스퀴시멜로우의 봉제인형들은 2017년 출시 이후 4년 만에 누적 판매 1억 개를 넘겼고 틱톡에서 사람들이 스퀴시멜로우 인형을 갖고 놀고 인증하는 영상들은 110억 뷰를 넘겼다. 2022년 한 해 동안에만 1억 개 이상이 판매됐고 같은 해 장난감계의 '오스카상'이라고 불리는 더 토이 파운데이션(The Toy Foundation, 장난감 재단)의 '올해의 장난감(Toy of the year)'에 선정됐으며, 소비자 투표로 정하는 '인기상(People's Choice Award)'을 비롯해 총 10개의 상을 받았다. 이에 대해《뉴욕타임즈》는 스퀴시멜로우가 "슬픔, 고립, 불확실성의 한 해 동안 팬덤을 형성했다(Cultivated a fandom in a year of grief, isolation and uncertainty)"고 평했다.[11]

스퀴시멜로우가 이렇게 큰 사랑을 받게 된 이유로

지목되는 것은 크게 두 가지다. 우선 **첫 번째는 손에 쥐었을 때 부드럽고 포근한 촉감이 주는 만족감이다.** 이 인형은 꼭 끌어안거나 쥐고 만지면서 스트레스를 해소하고 편안함을 찾고자 하는 소비자들에게 안정감과 충족된 감각을 맛보게 한다. 이 브랜드가 팬데믹 기간 중 주가를 높인 건 앞서 이야기한 테디베어가 전 세계로 퍼져나간 이유와 다르지 않다.

최근에는 브루노 마스와 〈아파트〉를 발표해 세계적인 열풍을 일으킨 로제가 스퀴시 열풍을 다시 한번 불러일으킬 조짐이다. 로제가 중요한 일이나 긴장되는 일이 있을 때 스트레스볼이나 릴렉스볼이라고 부르는 '스퀴시' 아이템을 가지고 다니며 주무르고 긴장을 푼다고 언급해서다. 부드럽고 말랑말랑한 촉감의 스퀴시 아이템을 손에 쥐고 만지고 주무르는 것만으로 스트레스와 불안을 해소하는 효과가 있다고 알려지면서 젊은 세대 사이에서 로제가 사용하는 특정 브랜드의 아이템을 공구하는 움직임도 나타나고 있다.

한편 키덜트 소비가 맹렬하게 일어나고 있는 중국

에서는 '니에니에(捏捏)'라는 장난감이 유행하고 있다.[12] 로제의 릴렉스볼과 마찬가지로 손으로 주무르거나 쥐어짤 수 있는 부드러운 실리콘 소재로 된 장난감이다. 주로 음식이나 동물 등 단순하고 귀여운 형태를 하고 있으며, 쥐면 변형되다가 놓으면 서서히 원래의 모습으로 돌아온다. 중국의 한 매체[13]에서는 젊은 세대들이 상당한 돈을 니에니에를 사는 데 소비하고 있다며, 물질적 부족함이 없는 젊은 세대가 필수가 아닌 소비, 감성 발산과 감성 표현을 위한 소비를 하는 데 아까움이 없다고 언급했다.

중국 SNS 상의 '니에니에' 구입 인증 사진들
© The Paper.cn

사람들은 머리로는 인형과 같은 사물이 사랑을 느끼지 못한다는 것을 알지만, 대상으로부터 감정적 위안을 얻게 되면 그것을 자신이 쏟은 애정에 대한 보답으로 느끼고 친밀감과 사랑하는 마음을 갖게 된다고 한다. **그 대상이 동물이나 심지어 물건이라고 해도 그것으로부터 감정적 위안을 얻었기 때문에 쌍방향의 주고받음이 있는 관계에 있다는 느낌을 받는다는 것이다.** 이는 내 집에 사는 반려동물은 물론이고 저 멀리 있는 푸바오, 애착 담요 같은 것에도 해당한다. 내가 위안을 얻었기 때문에 그 보답으로 대상에 애정을 갖게 된다는 얘기다. 봉제인형이 애착템이 될 수 있는 이유도 마찬가지다. 보드랍고 말캉말캉한 촉감의 동물 인형이 귀엽게 느껴지고 따뜻하며 편안한 마음을 갖게 하는 건 그 촉감으로부터 이미 위로와 안정을 얻은 덕분이다.

두 번째로는 헌신적인 팬덤을 활용해 수집 욕구를 자극하는 '컬트 마케팅' 방식이 성공 요인으로 거론된다. 미니소나 팝마트도 그렇지만, 스퀴시멜로우는 거의 **1~2주에 한 번씩** 새로운 디자인의 제품을 '드롭(drop)' 방식으로 내놓았다. 각 디자

인은 대부분 한정판으로 출시돼 컬렉터들의 소유욕을
자극한다. 디즈니, 포켓몬과 같은 대중적인 캐릭터와의
파트너십을 통해 브랜드 가치를 확장하고, 심지어 블랙
핑크와 컬래버레이션을 진행하기도 했다. 또한 이 모든
것을 **소셜미디어를 통해 소비자들과 적극적으로 소통하며 열정
적인 팬층을 형성하고, 그들이 제품을 단순한 소비재가 아닌 특별
한 소장품으로 느끼게 만든다.** 팬들은 자신만의 컬렉팅 기준
을 바탕으로 대부분 한정판인 스퀴시멜로우 인형들을
모으고 그것을 통해 자기만의 스토리를 만든다. 그리고
이 세계를 아는 사람들에게 그 스토리를 공유하면서
더욱 강한 유대감을 느낀다. 결국 스퀴시멜로우는 말캉
말캉한 촉감의 만지고 싶은 귀여움과 영리한 판매 수완
으로 수집욕을 자극하며 폭넓은 팬덤을 확보한 브랜드
가 되었다.

캐릭터 IP의
가치를 일깨운 귀여움

2022년 포켓몬빵의 인기는 캐릭터 IP 활용의 가치에 눈을 번쩍 뜨이게 한 사건이었다. 사실 포켓몬은 컬래버레이션의 효용이 가장 높은 IP 중 하나다. '포켓몬스터' 콘텐츠 자체의 인기, 포켓몬 캐릭터들의 조형적 귀여움, 30여 년간 여러 세대에 걸쳐 형성된 팬덤까지 어느 것 하나 빠지는 게 없어서다.

포켓몬스터는 일본에서 게임으로 먼저 나온 후 1997년부터 일본에서 애니메이션으로 방영됐고 1999년에는 우리나라에서도 방영되기 시작해 현재까지도 시리즈가 나오고 있는 대표적인 롱런 콘텐츠다. 무려 30여 년에 가까운 시간이다. 30년이면 인간의 한 세대, 결국 포켓몬빵이 그토록 품귀를 빚은 건 거기에 열광한 것이 단순히 어린이만은 아니었기 때문이다.

1999~2001년경 당시 콘텐츠가 선풍적인 인기를 끌면서 곧 샤니에서 포켓몬빵이 출시됐고 어린이들 사이에는 포켓몬 띠부띠부씰 수집 열풍이 불었다. 그리고 2006년을 마지막으로 단종됐다. 그랬던 포켓몬빵이 2022년 2월에 부활하자, 현재 포켓몬스터 콘텐츠를 보고 있는 지금의 어린이들뿐 아니라 2000년대 초 유년 시절을 보낸 '어른이들'까지 가세한 결과가 그해 포켓몬빵 열풍이었다.

포켓몬빵의 성공은 캐릭터와 연계된 식품 컬래버 열풍을 촉발했고, 이를 계기로 메이플스토리빵, 디지몬빵, 그리고 포켓몬빵보다 먼저 출시된 쿠키런 킹덤 빵 등이 연이어 높은 판매고를 기록하며 성공을 거두었다. **선택지가 지나치게 다양하면 소비자들이 '아는 것', 나아가 '친근한 것'과 '좋아하는 것'에 끌리기 마련이다.** 브랜드 관리 이론에서 사람들의 브랜드 인식은 '브랜드 인지 → 친숙 → 호감 → 최선호 → 충성'으로 이어지는데, 결국 브랜드 마케팅의 목표는 브랜드를 인지하는 단계에서 시작해 친밀감을 형성하고, 호감과 선호를 이끌어 궁극적으로 충성도를 가진 팬으로 만드는 것이다. 그리고 **매번 다음 단계로 옮겨가기 위해서는 상당한 시간과 마케팅 비용이 소요된다. 그런데 캐릭터는 이러한 과정을 획기적으로 단축시키는 힘을 발휘한다.** 캐릭터 IP는 특히 선택지가 다양하고 브랜드별 차별성이 크지 않은 FMCG 상품과 컬래버했을 때 높은 효과를 보여준다.

포켓몬빵 사례는 캐릭터가 단순히 어린이를 위한 것이 아니며, 세대를 초월해 폭넓은 공감과 열풍을 이끌어낼 수 있다는 점을 증명했다. 포켓몬빵의 성공은 과거에 포켓몬 콘텐츠를 소비했던 '어른이들'의 향수 어린 애착(nostalgic attachment)에서 비롯된 것이다. 세대를 관통하는 캐릭터 IP와 노스탤지어는 집객 효과를 극대화하는 앵커 콘텐츠로 작용하며, 이를 통해 실질적인 매출 증대로 연결된다는 사실이 확인된 셈이다.

캐릭터 IP가 상품 판매에 날개를 달아줄 뿐 아니라 IP 사업 자체가 돈이 된다는 인식은 국내 대기업과 중

견기업들이 잇달아 IP 사업에 진출하는 경향을 촉진하고 있다. IP 사업은 브랜드나 캐릭터 사용에 대한 로열티 사업으로 높은 수익을 거두기는 어렵다는 인식이 일반적이었다. 하지만 포켓몬빵의 성공으로 캐릭터 IP가 어릴 적부터 그것들을 보아온 밀레니얼, Z세대의 발길을 이끄는 데 효과적이라는 각성이 있었고, 롯데홈쇼핑의 벨리곰과 같은 자체 IP가 큰 성공을 거두면서 이전과는 달리 확장성을 가진 사업으로 인식하는 분위기가 조성되고 있다.

2018년 탄생한 벨리곰이 2022년 이후 약 2년간 라이선스 수익, 굿즈 판매 등으로 발생한 누적 매출은 200억 원을 넘어섰다고 한다. 벨리곰은 유통업계 자체 캐릭터 중 가장 성공한 사례로 꼽힌다. 이에 힘입어 롯데그룹의 중추인 롯데지주 내에도 IP 소싱을 전담하는 조직이 생겼다. 현대백화점도 IP 전담 조직을 통해 자체 캐릭터 흰디와 디즈니 등의 라이선싱 사업을 전개 중이다. 신세계 역시 '푸빌라'를 내세우고 있다. **성공 여부를 떠나 캐릭터, IP 사업이 유통업에서 단기 마케팅이나 화제성을 위한**

수단이 아니라 주요 사업 영역으로 간주되기 시작했다는 점이 주목할 포인트다.

　심지어 바티칸 교황청에서도 '루체(Luce)'라는 캐릭터를 내놨다. 교황청이 공식 캐릭터를 따로 만든 것은 처음이다. 가톨릭 순례길로 가장 유명한 산티아고 순례길을 걷는 젊은이를 형상화한 캐릭터로 '바티칸의 엄격하고 보수적인 이미지를 탈피하고 더 많은 젊은이들이 관심을 가질 수 있는 친근한 이미지'를 주고자 했다고 한다. 상업성이 없는 교황청조차 젊은 세대와의 교감, 친밀감 향상을 위해 캐릭터를 만들었다는 건 눈여겨볼 만하다.

바티칸 공식 캐릭터 루체 피규어
ⓒ 바티칸 가톨릭 미디어

　물론 유통가를 중심으로 자체 캐릭터를 만들고 활용해 온 것은 어제오늘 일은 아니다. 하지만 벨리곰 이전까지 성공 사례는 그다지 두드러지지 않았다. 유명 캐릭터 IP와 제휴를 하는 것이 순간의 화제성을 높일 수는 있지만 장기적 관점에서 브랜딩이나 부가 사업으로 확장하기에는 자체 캐릭터가 아니면 쉽지 않고, 자체 캐릭터가 유명 캐릭터 IP에 버금가는 인기와 팬덤을 구축하기는 어렵다. 좋은 캐릭터를 데려다가 제휴를 하면 당장 화제와 관심을 끌 수 있다는 건 누구나 알지만 로열티 등 현실적인 문제 때문에 마냥 협업을 할 수도 없고, 그렇다고 자체 캐릭터 IP를 육성하자니 그 시간과 비용도 만만치 않을뿐더러 어디서 어떻게 터질지 예측하는 건 더더욱 쉽지 않다. 그럼에도 이제는 너도나도 IP와의 제휴 혹은 IP의 개발과 소유에 뛰어드는 형편이다. **품질이 상향 평준화된 시대에는 좋은 품질과 서비스만으로 차별화하거나 소비자 마음에 들어가기는 어려워서다. 잠시라도 소비자들의 관심을 점유하고 눈길을 끌 수 있다면 뭐라도 해야 한다.** 그렇다고 단순히 그냥 '알려진 IP니까 뭐라도…'라는 생각도 곤란하다. 내 브랜드와 적합성이 있는지, 확장성이 있는지 여부는 따져봐야 한다.

그래도 어릴 적에 대중문화를 통해 누려본 세대는

이런 상황을 빠르게 수용하는 편이다. 그러나 불행하게도 한국인이 겪어온 기술과 대중문화의 발전 속도는 1960년대 이전에 태어난 사람과 1970~1980년대 이후에 태어난 사람이 서로 이해할 수 없을 정도의 간극을 만들었다. 문제는 현재 기업의 구조상 이런 현상을 도무지 이해할 수 없는 세대들이 의사결정 권한의 최정점에 있는 경우가 많으며, 이러한 불균형이 기업의 빠른 대응을 늦추기도 한다는 것이다.

물론 과도기는 언제나 혼란스럽고 세대 간 갈등은 있게 마련이지만 지금 진행되는 변화는 그 성격이 사뭇 다르다. 조금 삐끗했다가는 다시 만회할 수 없을 정도로 뒤떨어질 수도 있다. 모든 걸 사전에 두드려보고 예측한 뒤에 성공할 만하다는 확신이 들 때 비로소 움직이는 것이 이론적으로는 가장 좋겠지만, 이토록 빠른 변화와 예측하기 어려운 불확실성에 노출된 시대에는 **고객들의 심리와 행동에 대해 모든 것을 정확하게 측정하고 이해할 수 있다는 환상을 우선 버려야 한다.** 구매 순간의 작은 디테일의 차이 혹은 고객의 마음속 알 수 없는 어떤 지점을 건드려서 얻어낸 호감 한 조각이 라스트 클릭의 계기가 되고 마음을 열어 지갑도 열게 만든다. 그리고 그 알 수 없는 것들 중에서, **그래도 귀여운 캐릭터라는 도구는 비교적 성공할 확률이 높다.**

귀여움이 무기가 된다

사람들의 얄팍한 관심은 어느 순간 갑자기 훅 꺼져버리는 수가 많다. 포켓몬빵이나 노티드 도넛, 지비츠 참은 더 이상 품귀를 빚지 않는다. 포켓몬 캐릭터 자체의 인기는 여전하지만 편의점 매대에 진열될 겨를도 없이 팔려나갔던 포켓몬빵의 화제성은 수그러들었고 노티드도 더 이상 줄 서는 브랜드는 아니다. 다만 그 지위는 계속해서 다른 새로운 것에게 넘어간다. 처음에 그것들에 열광하게 만든 요인 중 하나가 '귀여움'이긴 했으나, 사실 거기엔 새로움과 미디어가 불어넣은 하입(hype), 노스탤지어(nostalgia)의 영향도 적지 않았기 때문이다.

만약 이렇게 쉽게 대체될 수 있는 마음이라면 귀여움은 대체 어떤 면에서 무기가 된다는 걸까? 물론 단기적으로 관심을 끄는 것도 쉬운 일은 아니다. 집객이 곧 돈인 유통가에서는 화제가 될 수 있는 건 뭐든 한다. 세상에는 사람들의 주의를 빼앗는 것이 너무 많다. 그래서 요즘은 사람을 제 발로 오게 만드는 게 보통 일이 아니다. 다만 **어떤 시대든 유행하는 혹은 대세를 이루는 지배적 감성이 있고, 최근 몇 년간은 귀여움의 분위기가 고조돼왔으며, 향후 오랫동안 귀여움이 계속해서 득세할 것이라는 전망을 하고 있을 뿐이다.** 곰인형이 지난 100여 년간 현재의 상징성을 획득하기까지 거친 과정이나 시대적 특성, 그리고 다시 부상하는 현상들을 짚어보다 보면 그런 전망에 더욱 힘이 실린다. 다시 곰인형의 귀여움이 전하는 따뜻함과 위로가 필요한 시대가 도래했기 때문이다.

푸바오의 사례로 다시 돌아가서 푸바오의 찐팬들이 품고 있는 그 열의에 다시 주목해본다. 귀여움으로 첫 마음이 열렸지만 이어서 그들은 깊은 마음을 줘버렸다. 의인화에서 출발한 관계성 스토리, 그것을 충실하게 담은 콘텐츠가 그렇게 만들었다. 그래서 중국 선수평 기지에는 수많은 판다가 있지만, 푸바오만이 특별하다. **단순한 주의 환기 이상의 공감과 교감, 애정과 애착이 형성됐기에 푸바오는 이제 더 이상 '남의 판다'가 아니다.** 마케팅 관점에서 말하면 나와의 '관련성(relevance)'이 생긴 것이다. 나와의 관련성이 생기는 순간부터 관계의 국면은 완전히 달라진다. 애견 분양숍 유리장 속에 아무리 귀여운 강아지가 있다 해도 내 집에 이미 함께 살고 있는 내 반려견에 비할 바가 아닌 것과 같은 이치다. **귀여움이 순간적으로 가볍게, 마음을 무장해제하고 지갑을 여는 것도 사실이지만, 귀여움은 지속적 관계를 시작하는 데 마중물의 역할을 하는 감성임에 틀림없다.**

최근 몇 년간 커뮤니티를 기반으로 한 브랜드 팬덤에 대한 논의가 마케팅계를 지배했다. 저성장이 만성이 되고 실질소득은 줄고 있는데도 경쟁은 여전히 치열한 상황, 결국 재고 따지지 않는 선호와 신뢰를 얻고자 고객의 마음에 들어가야 한다는 생각이 그 출발점이다. 하지만 이제는 그걸 실질적으로 목표로 하는 기업은 소수에 불과하며 대다수가 다른 데로 눈을 돌렸다. 왜냐

하면 그게 세상에서 제일 어려운 일이라는 걸 깨달아서다. 팬덤이란 고객의 마음을 얻는 걸 전제로 한다. 그러나 마음을 얻는 건 최종의 골(goal)이며 임의로 뚝딱 만들어낼 수 있는 수단은 아니다.

그런데 소비자들의 마음을 얻기 위해 좋은 연상과 긍정적 감정을 확보하는 데 가장 용이한 감정이 어쩌면 귀여움이다. 마음이 가야 귀엽고, 귀여우면 끝이라고 하지 않는가? 귀여움은 팬덤을 구축하기에 가장 적당한 감성 중 하나다. 그리고 항상 사람들의 관심과 화제가 무엇인지를 쫓는 마케터들은 이미 마음을 뺏는 귀여움을 갖는다는 것이 어떤 효과를 가져오는지 눈치챘다. 삼성그룹은 푸바오 IP의 가치가 얼마나 대단한지 깨달았다. 푸바오는 떠났지만 2023년 태어난 루이바오, 후이바오 쌍둥이 아기 판다들이 매일 SNS와 자체 콘텐츠를 통해 귀엽고 사랑스런 모습을 보여주고 있고, 여전히 판다월드는 에버랜드의 가장 매력적인 어트랙션이다. 에버랜드에는 바오패밀리 전용관이 생겼고, 갤럭시 신제품의 마케팅에도 바오패밀리 IP가 적극 활용됐다.

그 밖에 유통, 호텔, 화장품 등 다양한 영역에서 캐릭터 IP와의 컬래버레이션은 물론 자체 캐릭터를 개발하고 육성하는 움직임이 활발하다. 최근 3~4년을 돌아보면 자체 캐릭터를 갖거나 독립 IP와 협업을 하는 것은 팝업스토어와 함께 요즘 가장 중요한 마케팅 활동들이다.

그런데 워낙 귀여움이 부상하다 보니 어울리든 말든 캐릭터 IP를 붙여서 어떻게 한철 팔아보자는 식의 시도가 왕왕 눈에 띈다. 중요한 건 정말로 소비자의 마음을 뺏는 것인데, 맥락 없이 아무 캐릭터, 아무 IP나 가져온다거나, 그냥 아무 곰돌이 한 마리 붙인다거나, 그렇게는 좋은 결과를 얻기 어려울 것이다. **귀여움은 가장 원초적이며 인간적인 부분과 연결된 울림이 큰 감정으로 대부분의 사람이 갖고 있는 감정이긴 하지만, 동시에 매우 주관적이고 개인적인 감정이다. 따라서 그 결을 제대로 타지 않으면 효과를 보기 어렵다.** 될 만한 건지 아닌지 미세한 차이를 알아차리는 건 예리한 마케터의 직관과 트렌드에 대한 감수성에서 비롯되는데, 기업의 조직 체계가 비대해지고 관료화될수록 마케터의 직관과 감수성은 무시되기 쉽다. 숫자만으로 모든 걸 판단하려는 태도 못지않게 안타깝게 생각하는 부분이다. **숫자가 있어도 정작 중요한 건 증명되지 않는 경우가 많다. 숫자가 없다고 해도 중요한 건 여전히 중요하다.**

2장

귀여움의 결

Z세대가 인식하는 귀여움의 스펙트럼

Z세대의
귀여움 인식 탐구

현재 우리나라의 귀여움 트렌드는 소비문화와 밀접하게 관련돼 있고 이를 주도하고 있는 건 단연 Z세대다. 앞서 SNS 상에서 사람들이 올린 게시글 안에 '사다, 결제하다, 구매하다, 지르다, 쟁이다…' 등 소비의 언어가 동반하는 감성어 중 '귀엽다'의 순위가 유의미하게 상승하는 추세를 보인다는 점을 언급한 바 있는데, 소셜빅데이터는 여러 세대가 함께 만들어낸 데이터지만 Z세대는 어떤 세대보다 SNS를 숨 쉬듯 사용하는 세대이기에 소셜빅데이터의 많은 비중이 그들에 의해 생성됐을 가능성이 높다. **즉, 현재 Z세대가 주도하는 소비문화 속에서 귀여움의 감성이 갖는 의미가 커지고 있다는 얘기가 된다.** 지금의 귀여움 트렌드를 제대로 이해하기 위해서는 Z세대의 귀여움 인식을 반드시 들여다봐야 한다. 그들이 귀엽다고 생각하는 것은 무엇인지, 귀여운 것을 접했을 때 어떤 감정을 느끼는지, 또한 귀여움이 이들의 소비에는 어떤 영향을 미치는지 등을 말이다.

마침 이 책을 한창 준비하던 시점에 소비문화에 대해 높은 관심을 지닌 Z세대들을 만날 기회를 얻을 수 있었다. KOBACO(한국방송광고진흥공사)에서 광고인을 꿈꾸는 대학생, 취준생들을 대상으로 진행하는 특화 교육과정의 한 과목을 맡아 한 달여간 강의를 하면서다. 설문의 목적과 취지를 설명하고 희망하는 수강생들과 수강생 일부의 친구들을 대상으로 간단한 설문조사를 진행했다. 1996년부터 2002년에 걸쳐 출생한 만 21세에서 만 27세까지 40명의 Z세대가 응답했다. 남성 16명, 여성 24명으로 성비는 대략 4:6에 수렴하며, 만 24세 이하가 전체의 약 78.4%였다.

설문은 다음과 같이 구성했다. 설문 내용의 구성은 요모타 이누히코 교수가 2006년에 출간한 『가와이이

제국 일본』[14]에서 시행한 대학생 대상 설문조사 내용을 일부 참고하되, 한국 상황에 적합한 문항 위주로 구성했다. 무엇보다 큰 차이점은 한국 Z세대를 대상으로 귀여움의 인식을 분석하는 목적이 귀여움이라는 감성의 다단한 결을 가르는 것뿐 아니라, 그것이 소비 트렌드에 어떤 영향을 미치는지 알고자 하는 데 있다는 점이다. 그래서 아래 설문 내용 중 특히 9~13번 문항은 귀여움의 인식과 소비문화의 관계에 초점을 두고 있다.

1. 귀하께서 조사에 응답하는 지금, 소지하고 있거나 신변에 있는 것 중에서 '귀여운' 것을 몇 가지 적어주세요.

2. 귀하께서 평소 '귀엽다'고 느끼는 대상이나 상황은 어떤 것이 있나요? 구체적으로 세 가지 이상 적어주세요.

3. 귀하께서는 '귀여운 것'을 접하게 되었을 때 어떤 감정을 느끼나요?

4. 귀하께서는 평소 '귀엽다'는 표현을 얼마나 자주 사용하는 편인가요?
   ⑴ 자주 사용하는 편이다
   ⑵ 종종 사용하는 편이다
   ⑶ 전혀 사용하지 않는다

5. 귀하께서는 '귀엽다'는 말의 반대말은 무엇이라고 생각하나
   요? 생각나는 대로 모두 적어주세요.

6. 귀하께서는 '귀엽다'는 말을 들어본 적이 있습니까?

7. '귀엽다'는 말을 들어본 적이있다면 그때 당신은 어떤 상황에
   놓여 있었나요?

8. 귀하께서는 '귀엽다'는 말을 다른 사람으로부터 들었을 때
   기분이 좋은 말이라고 생각하시나요? (5점)

   (1) 매우 그렇다

   (2) 약간 그런 편이다

   (3) 어느 쪽도 아니다

   (4) 별로 그렇지 않은 편이다

   (5) 전혀 그렇지 않다

9. 귀하께서는 '귀엽다'는 이유로 뭔가를 구매한 적이 있나요?

   (1) 있다

   (2) 없다

10. '귀엽다'는 이유로 뭔가를 구매한 적이 있다면, 귀하께서
    가장 최근에 '귀여워서 구매한' 것은 무엇인가요?

11. 귀하께서는 같은 용도의 물건이라도 더 '귀엽다'면 비용을 더
    지불할 생각이 있나요? (5점)

    (1) 매우 그렇다

    (2) 약간 그런 편이다

    (3) 어느 쪽도 아니다

    (4) 별로 그렇지 않은 편이다

⑸ 전혀 그렇지 않다

12. 귀하께서 '더 귀엽다'는 이유로 더 지불할 수 있는 추가 금액
은 어느 정도인가요? 제품 가격이 100이라고 가정할 때, 더
지불할 용의가 있는 비용 수준을 원 제품 가격 대비 비율
(00%)을 1~99 사이 숫자로 응답해주세요.

13. 귀하께서는 '귀엽다'는 것이 귀하의 소비에 영향을 미치는
감성이라고 생각하시나요? (5점)

　　⑴ 매우 그렇다
　　⑵ 약간 그런 편이다
　　⑶ 어느 쪽도 아니다
　　⑷ 별로 그렇지 않은 편이다
　　⑸ 전혀 그렇지 않다

14. 마지막으로 현재 '귀엽다'는 감성, 언어, 관련된 소비에 대해
하고 싶은 얘기가 남았다면 자유롭게 써주세요.

　　기대한 바대로 설문 결과는 매우 흥미로웠다. 단답
이 아니라 서술을 요구하는 주관식 응답이 유난히 많
은 설문이었지만 광고인을 꿈꾸는 학생들답게 섬세한
생각의 결을 보여주는 응답들이 많았다. 이 장에서는
이 설문 결과를 분석해 한국 Z세대가 인식하는 귀여움
의 '결'을 세심하게 갈라보고자 한다.

귀여움을 느끼는 대상과 상황

Z세대 대상 설문의 첫 번째 질문에서는 이어지는 응답에 대한 워밍업을 위해 조사에 응답하는 시점, 소지하고 있거나 신변에 있는 것 중에서 귀여운 것을 적어달라고 했다. 응답 내용은 크게 사물, 동물, 사람의 3갈래로 나눌 수 있었고, 사물 범주의 응답 수가 가장 많았다. 설문에 응답하는 지금 '소지하고 있거나 주변에 있는 것'을 물어서일 것이다.

가장 많은 응답이 나온 **사물 범주에서 가장 많이 언급된 건 역시 키링이었다.** 인형 키링, 캐릭터 키링(포켓몬, 산리오, 포차코 등), 동물 모양 키링, 네잎클로버 키링 등 다양한 형태가 언급됐다. 동물 인형(곰, 너구리, 토끼 등)과 에어팟 케이스, 휴대폰 케이스, 보조배터리 등 디지털 보조 기기 외에도 다이어리, 스티커, 볼펜, 수첩 등 문구류, 텀블러, 물병, 잠옷, 그릇 등의 소품들이 다양하게 나타났고 그중에서도 캐릭터가 그려진 소품들이 다수 응답됐다. 둥근코 메리제인 슈즈 등 구체적인 패션 아이템 언급도 있었다.

만약 이 질문에서 '키링'을 언급한 응답자들이 대부분 여성일 거라고 짐작했다면 그 예상은 맞았다. 그럼에도 키링을 언급한 응답자 중 1/4은 남성이었다. 귀여운 인형 키링은 여성들이 더 좋아하긴 하지만 여성만의 전유물은 아니다. 여자친구가 선물한 것일 수도 있고, 귀여운 털 인형보다는 게임이나 애니메이션에 나오는 캐릭터 피규어일 확률이 높지만, **Z세대 남성들의 가방 끝에도 귀여움은 매달려 있다. 소비 전반에서 여성들이 좀 더 중심에 있듯이 귀여움에도 여성 쪽이 좀 더 적극적인 건 사실이지만 남성들과 아예 상관없는 트렌드는 아니라는 점에 주목할 필요가 있다.**

다음으로 많은 응답이 나온 범주는 동물이었다. **강아지, 고양이, 앵무새 등 대체로 집에서 기르는 반려동물들이 많이**

언급됐다. 응답 내용 중 몇몇은 '우리 집 강아지'라고 적어서 가족 구성원으로서의 강한 애착을 표현했다.

세 번째 범주는 사람이다. 흔히 이런 질문에서 사람 범주에는 '아기, 아이' 등의 응답이 많은 편인데, 이 설문은 20대 초중반 미혼 남녀 대상이어서 그런지 '이성친구'라고 응답한 경우가 더 많았다. 다음으로 '아기, 동생' 등의 응답이 이어졌다. **다만 재미있는 점은 이성친구를 언급한 응답 중 단 1건을 빼고는 모두 남성 응답자가 '여자친구'라고 응답한 내용이었다는 점이다.**

워밍업을 끝내고 본 질문으로 들어가 **'평소 귀엽다고 느끼는 대상이나 상황은 어떤 것이 있는지'** 물었다. 그 결과를 분석해보니 Z세대 응답자들이 귀여움을 느끼는 대상과 상황은 크게 다섯 가지 유형으로 나눌 수 있었다.

첫 번째는 작고 둥근 외형과 말랑한 촉감을 가진 대상이다. 40명 중 21명의 응답자가 크기가 작거나 둥글둥글한 형태, 말랑한 촉감을 가진 대상에게 귀여움을 느낀다고 응답했다. 구체적인 예로 강아지, 고양이, 수달 등의 동물뿐 아니라, 둥근 모양의 액세서리나 작은 소품, 미니어처 형태의 사물이 있었고 '긴 소매 속에서 살짝 보이는 손가락'이라는 응답도 있었다. 또한 동글동글하고 통통한 캐릭터, 털이 복슬복슬한 인형 등도 이 범주에 포함된다. 이는 인간이 작고 연약하며 유아적 특성을 띤 대상에 대해 본능적으로 보호하려는 마음을 갖게 된다는 '베이비 스키마(Baby Schema)' 이론과 연결되는 반응이다.

두 번째는 순수하고 해맑은 대상 혹은 대상의 행동이다. 40명 중 18명의 응답자가 아기나 어린 동물의 구체적인 모습이나 행동을 묘사했는데, 예를 들면 아기가 말을 배우는 모습, 서툴게 춤을 추는 모습, 강아지가 해맑게 꼬리를 흔들며 다가오는 모습, 해달이 작은 앞발로 사람을 더듬는 모습 등이다. **단순히 어리거나 약한 존재의 생김새가 아니라 순수한 행동, 계산 없이 자연스럽게 표출되는 감정에 대한 긍정적인 반응으로 해석할 수 있다.** 그 밖에 흥미로웠던 건 '아기가 하고 싶은 말은 많은데 아직 표현하는 법을 몰라서 끙끙대는 모습', '한계가 있어 보이는 존재가 그 한계를 넘어서기 위해 애쓰는 모습', '경험이 부족한 아이가 열정으로 가득 차 있는 모습' 등 **어리거나 약한 존재가 애쓰는 모습 자체가 귀여움을 자아내는 걸로 나타났다는 점이다.**

　　세 번째는 엉성하거나 허술한 특징을 가진 대상이다. 40명 중 16명은 '하찮고 억울하게 생긴 캐릭터', '조금 부족한 모습', '엉성한 행동' 등을 귀엽다고 응답했다. 여기서 중요한 건 대놓고 혹은 일부러 귀여운 척을 하는 건 안 된다는 점이다. 어디까지나 순수하게, 본인은 자각하지 못하는 가운데 엉성하고 허술해야만 한다. 한편 망그러진 곰 같은 일부러 정교하게 그리지 않은 듯한 그림체의 캐릭터, 대충 그린 듯한 하찮은 그림, 실수하는 모습 등

© 유랑(yurang) 공식 인스타그램

© 최고심 인스타그램

이 포함된다. 이는 **통상적 기대치에서 벗어난 약간 모자란 모습이 귀여움을 형성하는 요소로 작용**한다는 점을 보여준다.

네 번째는 예상과 다른 반전이 있는 행동이다. 40명 중 14명이 특정 대상의 '평소 이미지와 다른 행동'을 귀여움의 요소로 꼽았다. 예를 들어 마초적인 사람이 포켓몬 스티커를 모으거나, 강한 이미지의 사람이 겁을 먹고 놀라는 모습, 무서운 것에 흥미 없을 것 같은 사람이 실은 겁이 많은 경우, 평소엔 잘 웃지 않는 사람이 아이처럼 웃기 시작할 때, 완벽한 사람이 허당스러운 모습을 보이는 순간 등의 응답이 있었다. **이런 감성들은 '갭 모에(Gap Moe)'라고도 불리는 감정으로, 예상과 다른 의외성이 귀여움을 더욱 극대화하는 원리다.**

다섯 번째는 애정이 있는 대상에게 주관적 귀여움을 느끼는 상황들이 해당된다. 40명 중 11명이 '여자친구, 애인, 친구, 내가 좋아하는 누군가' 등 개인적 애착 관계가 있는 대상의 사소한 행동에 귀여움을 느낀다고 응답했다. 어떤 상황 제시 없이 그냥 '여자친구'라는 단답도 꽤 많았고, 여자친구가 맛있는 음식을 먹고 행복해하는 모습, 좋아하는 걸 표현하는 모습, 내가 좋아하는 대상이 나에게 폭 안겨 있는 모습과 같은 구체적 상황 서술도 있었다. 출근길 가방에 달린 키링 인형, 특정 스타일의 옷이나 액세서리, 패션 아이템 등 일상적으로 늘 사용하는 애착템, 사물에 대한 응답도 있었다. **귀여움이란 단순히 외형적인 특징이 아니라 애착 관계 속에서 더욱 의미를 갖는 감정이라는 방증이다.**

　이처럼 귀여움을 느끼는 대상을 분류해봄으로써 귀여움이 외형적 특성으로부터 비롯되기도 하지만 그보다 훨씬 다양한 심리적·관계적 요인, 대상의 행동이나 상황적 맥락으로부터 비롯되고 있다는 점을 확인할 수 있다. 특히 특정 행동이나 모습에서도 귀여움은 느껴질 수 있는 것이지만 **대개 귀여움은 관계적 맥락이 전제된 상황에서 비롯되는 경우가 많다.**

'귀엽다'의
반대말

뭔가 모호하고 추상적 개념이 있을 때 그것을 좀 더 뚜렷이 인식하는 방법은 그 반대 개념이 뭔지 생각해보는 것이다. 하지만 '귀엽다'는 말 혹은 감성은 때로는 생김새를, 때로는 행동이나 성격을, 때로는 보는 사람의 감정을 표현하는 데 쓰이는가 하면, 적당한 칭찬으로 상황을 모면한다거나 날카로운 논평을 삼가야 할 때 무난한 표현으로 쓰이기도 하는 등 **생각보다 스펙트럼이 매우 다단해서 명확한 반대말이 잘 떠오르지 않는 것도 사실이다.**

그래서 Z세대를 대상으로 '귀엽다'의 반대말이 무엇이라고 생각하는지 질문해봤다. 생각나는 말은 모두 응답하도록 하는 주관식 개방형 질문을 던졌더니 한 사람이 한 개에서 많으면 여덟 개까지 자신이 생각하는 '귀엽다'의 반대말을 응답해 총 95개의 단어 혹은 어구가 응답됐다. 그 결과를 분석한 결과 '귀엽다'의 반대말 혹은 반대 개념은 크게 다섯 가지 범주로 분류할 수 있었는데 이를 응답이 많았던 순서대로 하나씩 제시하기로 한다.

가장 많이 응답된 **첫 번째 분류는 '징그럽다'를 필두로 혐오의 감정을 표현하는 부정적 개념이었다.** '징그럽다, 끔찍하다, 역겹다, 혐오스럽다, 더럽다, 불쾌하다, 기괴하다' 등의 응답이 포함된다. 이는 귀여움이 주는 친근하고 사랑스러우며 편안한 이미지와 정반대 느낌을 표현하는 것으로, 거부감과 불쾌함을 유발하는 요소들이 반대 개념으로 인식된다는 점을 보여준다.

두 번째로 많았던 응답은 '차갑고 거리감이 느껴지는 이미지'였다. 각 단어들을 보면 부정적 개념도 있지만 상태를 묘사하는 중립적 개념인 단어들도 적지 않다. 포함된 응답으로는 '차갑다, 냉정하다, 도도하다, 시크하다, 강하다, 날카롭다, 무섭다, 다가가기 어렵다, 카리스마 있다,

쎄다' 등이 있다. 귀여움은 따뜻하고 편안하며 다가가기 쉬운 감성인 반면, 그 반대 개념으로는 감정이 배제된 냉정함이나 위압적인 분위기, 강렬한 존재감을 연상한다는 점이 나타난다.

세 번째는 '못생기거나 매력이 없는 이미지'다. '못생겼다, 별로다, 매력적이지 않다, 오글거리다, 인위적이다. 재미없다' 등의 응답을 포함했다. 귀여움이 비주얼적으로 긍정적인 감정을 유발하는 반면, 그 반대로는 외형적으로 호감이 가지 않는 모습이 반대 개념으로 인식될 수 있음을 시사한다. 다만 귀엽다는 표현은 언뜻 생김새와 관련성이 깊은 듯 느껴지지만 반대말을 물었을 때 생김새와 관련된 응답은 생각보다 많지 않았다는 건 흥미로운 포인트다.

네 번째로 많았던 응답은 '어른스럽고 성숙한 이미지'와 관련된 개념이었다. 이는 부정적 개념이 아니라 단지 귀여움의 대척점에 있는 개념으로 연상된 것들이다. 여기에는 '어른스럽다, 성숙하다, 듬직하다, 의젓하다' 등의 응답이 포함되는데, 이는 귀여움이 어리고 미성숙하며 약한 것으로부터 파생되는 감성으로 인식돼 있으므로 이와 대비되는 개념으로는 무게감 있고 완숙하며 신뢰감을 주는 요소가 나타난 것으로 해석할 수 있다.

마지막 다섯 번째 분류는 '세련되고 완벽한 이미지'다. 이 분류에는 '고급스럽다, 완벽하다, 멋지다' 등이 포함된다. 귀여움이 상대적으로 편안하고 꾸밈없이 자연스러운 느낌, 나아가 약간은 허술하고 사소하며 하찮은 느낌을 포괄하기에 그 반대 개념으로 세련되고 완벽한 느낌이 연상되는 경향이 있음을 보여준다.

이처럼 **귀여움의 반대 개념을 요약하면 '혐오감, 냉정함, 무매력, 성숙함, 세련됨'의 스펙트럼으로 펼쳐진다. 이걸 역으로 놓아보면 귀여움이라는 감성은 '친근함, 따뜻함, 매력적, 미숙함, 자연스러움'의 스펙트럼을 가진 걸로 해석할 수 있다.** '귀엽다'의 반대말은 단순히 하나의 단어나 개념으로 정리되지 않고 감정적·시각적·사회적 요소들이 결합된 다층적인 개념으로 나타난다. 이는 귀여움이라는 표현 혹은 감성은 결코 단순하지 않다는 뜻이다.

귀여움에 대한 감정 반응

'귀엽다'의 반대말을 통해 귀여움이란 표현 혹은 감성이 가진 스펙트럼이 단편적이지 않다는 걸 확인했다. 그러면 '귀여운 것'을 접했을 때 Z세대가 느끼는 감정 혹은 반응은 어떤 것이 있는지 살펴보자. '귀여운 것'을 접했을 때 어떤 감정을 느끼는지 물었고, 이에 대한 응답을 분석함으로써 귀여움이 사람들에게 주는 감성적 혜택을 파악할 수 있을 것이다.

첫 번째, 행복과 힐링을 느낀다는 응답이 가장 많았다. 응답자 40명 중 27명이 귀여운 것을 보면 행복하다고 했고, 14명은 '힐링된다'고 답했다. '마음이 말랑해진다', '무장해제되는 느낌', '안정감을 느낀다' 같은 표현도 있었다. 반려동물이나 아기 같은 존재를 보면 저절로 미소가 지어지고 기분이 좋아진다는 응답도 이 범주에 포함된다. 이는 귀여운 대상이 심리적 안정과 긍정적인 기분을 불러일으킨다는 점을 의미한다.

두 번째는 소유하고 싶고 가까이하고 싶다는 반응이 많았다. '갖고 싶다', '소장하고 싶다', '집에 데려가고 싶다', '계속 보고 싶다', '두고두고 간직하고 싶다'와 같은 응답이 이에 해당한다. 이는 귀여운 대상을 단순히 감상하는 것에서 그치지 않고, 직접 소유하거나 가까이 두고 싶어하는 심리가 발동한다는 뜻이다. 특히 "물건이라면 혹실용적인 것이 아닐지라도 소유하고 있는 것만으로도 힐링이 될 것 같다"(22세, 여성)는 응답이 흥미로웠다. 단지 귀여워서 쓸모없는 물건을 사들이는 이유에 대한 간명한 답변이나 다름없어서다.

세 번째는 보호하고 싶고 아껴주고 싶다는 반응이다. '지켜주고 싶다', '보호하고 싶다', '성장시키고 싶다', '도와주고 싶다' 등이 이에 해당한다. 어쩌면 가장 예상 가능한 반응으로서 귀여운 것에 대한 본능적인 돌봄 감정이 나타

난 것으로, 이는 특히 생명체를 대상으로 귀여움을 느
낄 때 나타나는 반응이다. 귀엽다고 생각하는 대상이
행복하기를 바라거나, 선물하고 싶다는 반응도 이 범주
에 해당된다. 아기나 반려동물 같은 존재 이외에도 최
애 아이돌이나 아티스트에게 팬덤이 가지는 마음이기
도 하다.

네 번째는 접촉을 원하는 반응이다. '쓰다듬고 싶다', '쪼물
딱거리고 싶다', '만지고 싶다', '볼을 잡고 싶다' 등의 표
현이 이에 해당한다. 강아지나 고양이의 말랑한 발바닥
을 만지고 싶다거나, 폭신한 인형을 꼭 껴안고 싶은 충
동도 포함된다. 귀여운 대상이 주는 감정적 자극이 시
각적 감상이나 감성적 공명을 넘어서 물리적인 접촉 욕
구로 이어질 수 있음을 보여주는 반응이다.

**다섯 번째는 괴롭히거나 짓궂게 장난을 치고 싶어 하는 반응
이다.** '깨물고 싶다', '입술로 살짝 깨물고 싶다', '괴롭히
고 싶다', '장난치고 싶다', '부셔버리고 싶다' 같은 반응
이 이에 해당한다. 여기엔 이론적 근거가 있다. 제5장에
서 다룰 '귀여운 공격성'이라는 개념인데, 귀여운 아기

나 동물을 봤을 때 꽉 깨물어주고 싶거나 꼭 끌어안거나 세게 그러쥐고 싶은 충동을 느끼는 건 뇌신경의 반응이라는 것이다. 즉, 이것은 귀여움이 너무 강렬할 때 나타나는 자연스러운 심리적 반응이다. 이는 스퀴시멜로우나 릴렉스볼 등 주무르고 문지르고 꼭 쥐었다 풀면서 즐거움을 얻는 사례들을 떠올리게 한다.

Z세대가 응답한 귀여움이 이끌어내는 감정적 반응이 이렇게 펼쳐지는 것을 보면, 귀여움이 사람들의 감정과 행동을 깊이 자극하는 요소라는 점을 다시 한번 확신하게 된다. 흥미로운 건 행복과 힐링을 주는 것에서 나아가, 보호하고 싶은 마음이 생기고, 직접 만지고 싶거나 소유하고 싶어지는 등 일종의 정방향의 반응뿐 아니라 괴롭히거나 짓궂게 굴고 싶어 하는 모순적 방향으로도 나타난다는 점이다. 하지만 괴롭히고 싶은 심정을 포함해서 결국 가까이하고 싶고 접촉하고 싶은 마음이라는 점만큼은 공통적이다.

귀여움에 대한 성별 인식 차이

조사 결과를 보기 전까지는 아무래도 '귀엽다'는 표현을 사용하거나 듣는 데 있어서 여학생들이 한층 관대할 것이라는 것이 당연한 예상이었다. 남학생들은 귀여움에 대해서는 다소 보수적인 시각을 갖고 있을 수 있고 그런 말을 듣는 것에 대해서도 그다지 탐탁지 않게 여길 수 있다고 생각했다. 그러나 대체로 예상은 빗나갔다. 표본 수가 많지 않아서 확신은 옅으나, 몇 가지 객관식 문항의 구체적인 결과를 통해 살펴보자.

● 남녀 모두 귀엽다는 표현을 사용하는 빈도는 잦은 편

응답자 40명 거의 대부분(97.3%)이 평소 '귀엽다'는 표현을 자

주(45.9%) 혹은 종종(51.4%) 사용한다고 응답했다. 여학생 중에서는 전혀 사용하지 않는다고 응답한 사람이 한 명도 없었고, 남학생 중에서는 단 한 명이 있었다. 여학생들은 당연히 '귀엽다'는 표현을 자주 사용할 것이라고 예상했지만 남학생들이 전체 응답자의 약 40%를 차지하기 때문에 전혀 사용하지 않는다는 응답이 조금 더 나타날 수 있겠다고 생각했으나 그렇지도 않았다.

물론 표본이 적은 탓일 수 있다. 또한 광고업계는 다른 업계 대비 여성들의 진출이 활발하며 남녀 간의 의식 차가 크지 않은 편이다. 예비 광고인들을 대상으로 한 것이니 이런 점도 영향이 있을 수 있다. 다만 '귀엽다'는 표현이 Z세대의 일상 전반에서 매우 빈번하게 사용된다는 점만큼은 명백하다.

한편 응답 내용 중에는 '귀엽다'는 표현의 사용 범위가 확장되었다는 자각을 서술한 이들이 있었다. 사용 범위가 확장되었다는 건 결국 빈도는 물론 대상도 늘었다는 얘기일 것이다.

"요즘에 '귀엽다'라는 단어는 과거에 비해 넓게 쓰이고 있다는 생각이 들어요. 일본식 귀여운 감성이 한국에 스며들고 있는 느낌…?" (만 21세, 여성)

"전반적으로 좋은 감정에 대해 모든 것을 포괄할 수 있는 의미라고 생각한다." (만 23세, 여성)

"귀엽다는 표현이 가장 대중적으로 사용하기에 무난한 표현이 된 것 같습니다. 그만큼 남발되고 있는 듯한 느낌이 들어서, 반응은 해야 하지만 할 말이 없을 때 '귀엽다'라는 표현으로 대체하는 것 같습니다. 이전의 '대박'과 비슷한 느낌입니다." (만 25세, 여성)

'귀엽다'가 뭔가 반응을 해야 할 때 대중적이고 무난한 표현이 된 것 같다는 답변이 흥미롭다. 실제 손윗사람이나 가깝지 않은 사람을 제외하면, '귀엽다'는 말이 어느 때나 누구에게나 적당히 해줄 수 있는 칭찬의 말로 쓰이는 것도 사실이다. 2000년대 중반까지만 해도 '귀엽다'는 말은 '예쁘다'의 하위 호환으로 여겨지는 경우가 많았다. 물론 어떤 경우에는 여전히, "예뻐?"라고 물었을 때 약간 망설이면서 "음… 귀여워!"라는 대답이 나온다면 객관적 예쁨은 아니지만 인상이 좋고 나쁘지 않다는 의미의 수사로 이해되곤 한다. 다만 최근에 와서는 '귀엽다'는 말의 긍정적 가치가 한층 상승한 것만은 분명해 보인다.

> "예쁘고 멋지고 대단한 것보다 귀엽다는 감정이 더 큰 힘을 지닌 것 같습니다!" (만 23세, 여성)

● **남녀 대부분 다른 사람에게 귀엽다는 말을 듣는 건 기분 좋은 일**

'귀엽다'는 말을 다른 사람으로부터 듣는 건 기분 좋은 일인지 여부를 질문했다. '매우 그렇다 / 약간 그런 편이다 / 어느 쪽도 아니다 / 별로 그렇지 않은 편이다 / 전혀 그렇지 않다'의 다섯 개 보기 중 '기분 좋지 않은 일'이라는 쪽에 응답한 사람은 한 명도 없었다. 긍정적 응답은 94.6%에 달했고 단 두 명만이 중립의 응답을 했다. 혹시 중립 응답자는 모두 남학생이 아닐까,

생각했지만 공평하게 남학생 한 명, 여학생 한 명으로 나타났다. 대체로 Z세대에게 '귀엽다'는 표현은 빈번하게 사용하는 말일 뿐 아니라 들었을 때 남녀 구분 없이 기분 좋은 긍정적 표현으로 여겨지고 있는 걸로 보인다.

> "저는 남자임에도 귀엽다는 말을 들으면 기분이 좋은 쪽에 속하기 때문에, 상대방에게도 '귀엽다'라고 자주 말하려고 노력합니다." (만 25세, 남성)

● 남녀 대부분 귀엽다는 말을 들어본 경험이 있는 편

평소 귀엽다는 말을 들어본 적 있는지 경험을 질문한 항목에서는 97.3%가 그렇다고 응답했다. 귀엽다는 말을 들었던 때에 대해 특정 시점을 제한하지 않았기 때문에 유년기의 경험을 떠올리기만 해도 대부분 들어본 적 있다고 응답할 거라고 생각했지만, 의외로 유년기의 사례를 응답한 내용은 없었다. **귀엽다는 말을 들은 시점이 어릴 적 과거로 돌아가야 할 만큼 오래지 않다는 얘기일 것이다.**

이는 귀여움이 작고 어린 대상에 국한되는 감성이 아니며 Z세대들이 서로에게 빈번하게 사용하는 표현이라는 점을 다시 한번 확인하게 해준다.

하지만 혹시 귀엽다는 말을 들어본 적 없다는 응답이 나온다면 그건 남학생일 것이라고 생각했다. 그러나 의외로 귀엽다는 말을 들어본 적 없다는 응답을 한 단 1명의 응답자는 남학생이 아니라 여학생이었다. 다만 이 여학생은 그 점에 대한 아쉬움 같은 것은 없었고 "귀여운 걸 좋아하기는 하지만 나의 실제 이미지나 추구하는 이미지와 귀여움은 거리가 멀어서 팬시나 문구류 등 사소한 것은 몰라도 옷이나 가방 등 겉으로 잘 드러나는 패션 등에서 귀여운 것을 구입하는 건 지양하는 편"(만 22세, 여성)이라고 당당하게 설명했다. 요즘 Z세대의 가치관과 소비문화에서 가장 중요한 키워드 중 하나인 '추구미' 관점에서 스스로 귀엽게 보이는 것을 지양한다는 의미로 이해된다.

귀여움 모먼트

응답자 대부분이 귀엽다는 말을 들어본 적이 있다는 답변을 한 다음에는 추가 질문을 통해 '자신이 귀엽다는 말을 들었던 상황'을 주관식으로 응답하게 했다. 그 내용을 살펴보면 Z세대가 생각하는 귀여움이란 의도된 행동이 아니라 예상치 못한 순간에 포착되는 것이다. 이 응답 결과는 크게 네 가지로 분류했다.

먼저 **'감정 표현이 투명하게 드러나거나 솔직하게 드러낼 때'** 귀엽다는 말을 들었다는 응답이 가장 많았다. 구체적으로는 칭찬을 듣고 어쩔 줄 몰라 하거나, 상대방의 장난에 쩔쩔매는 등 당황스런 감정을 숨기지 못하는 경우, 자기도 모르게 시무룩한 표정 혹은 호기심 어린 눈빛을 했다가 들켰을 때, 사소한 일에 크게 신나 하거나 행복해하는 모습 등이 있다. 주변을 의식하지 않고 밥을 맛있게 먹다가 귀엽다는 말을 들었다는 응답도 흥미롭다. 즉, 쑥스러워하는 모습을 들킨다거나 기쁨을 숨기지 못하는 등 **감정이 순수하게 드러나는 상황이 핵심이다.**

다음으로 **'예상치 못한 실수나 엉성한 행동을 했을 때'** 귀엽다는 말을 듣는 경우가 많았다. 큰 실수라고 생각했지만 상대방이 보기엔 사소한 실수일 때, 바보 같거나 허당미가 느껴지는 행동을 할 때, 수업 중 계산 실수를 하거나, 게임에서 이기려 애쓰는 모습, 술자리에서 취기가 올라 당황하는 상황, 멍 때리는 순간 등이 이에 해당한다. 완벽함보다는 약간의 실수와 부족함이 귀여움을 자아낸다는 것이다.

세 번째는 **'애교나 장난스러운 행동을 했을 때'다. 이 분류는 관계적인 맥락을 전제로 하는 응답이다.** 남자친구나 여자친구와 함께 있을 때 특별한 행동이 없이도 귀엽다는 말을 들었다는 건 애정이 귀여움의 전제라는 의미가 된다. 혹은 애교를 부렸을 때라든가, 친구들과 대화 중 말투가 귀엽다는 말을 들었다든가, 농담을 하거나 아재개그를 할 때, 장난스러운 모습을 보일 때 귀엽다는 말을 들었다는 응답이 있었다.

네 번째는 **외형적 변화나 특징** 때문에 귀엽다는 말을 들었다는 케이스다. 잠에서 덜 깬 얼굴이 부었을 때, 몸집이 작아 보일 때, 밝은 색상의 옷을 입었을 때 등이 이에 해당한다. 이는 특정한 외적 요소가 귀여움을 유발할 수 있음을 보여준다. 하지만 이런 경우조차도 **단순히 외적인 모습이 아니라 대상과의 관계나 감정의 맥락이 결합**된 경우가 대부분이다.

Z세대 응답자들이 귀엽다는 말을 들었던 상황들을 분류하고 분석해본 결과, 귀엽다는 반응은 감정 표현, 행동, 관계 속에서 발생하는 경우가 많다. 또한 감정에 서툴거나 숨기지 못하고 드러내는 모습, 엉겁결에 실수를 하거나 부족함을 노출하는 모습, 애정이 전제된 관계 내에서 친밀함을 드러내는 모습 속에는 공통적 요소가 있다. 주변을 의식하지 않으며 앞뒤를 계산하지 않는다. 그저 투명하고 정직하게 꾸미지 않고 드러

낸다. **인간적인 매력을 느끼게 하는 이런 순간들, '귀여움 모먼트 (moment)'의 핵심은 바로 솔직함과 있는 그대로의 자연스러움이다.** 결국 귀여움이란 완벽하지 않은 순간에서 탄생하는 것이며, 그 자체로 하나의 매력적인 소통 방식이다.

귀여움의
소비 촉진 효과

　마지막으로 귀여움의 인식과 소비문화의 관계에 초점을 둔 정량적 문항들을 중심으로 '귀여움'의 소비 촉진 효과를 가늠해봤다. 귀여워서 사본 경험이 있는지, 같은 물건이라도 귀엽다면 추가 지불 의향은 어느 정도 되는지, 귀여움이 소비에 영향을 미치는 감성이라고 생각하는지 질문한 결과에 대한 분석이다.

　● 귀엽다는 이유로 뭔가를 구매한 경험률은 매우 높은 편
　귀여워서 뭔가를 사본 적이 있느냐는 질문에 83.8%가 그렇다고 응답했다. 여학생은 91.7%가, 남학생은 75.0%가 귀여워서 뭔가를 사본 적이 있다고 응답한 것

이다. 남학생이 다소 낮은 편이지만 그래도 공히 높은 수치다. **Z세대에게 귀여움은 확실히 소비를 촉진하는 감성으로 기능하고 있다.**

가장 최근에 귀여워서 샀던 아이템이 뭐냐는 질문에도 '키링'이라는 응답이 가장 많았다. 수업 중 만난 Z세대 학생들 대부분이 가방에 키링을 달고 있었다. 과연 키링이 유행은 유행이다. 아이팟 케이스나 휴대폰 케이스, 캐릭터 굿즈와 인형, 피규어, 귀여운 디자인의 생활용품(파우치, 스탠드 등)도 귀여워서 구입하는 아이템으로 다수 언급됐다. 대체로 몸에 지니고 다니는 작은 소품류가 대다수를 차지한다.

● 더 귀엽다면 추가 비용 지불 의향은 높은 편

같은 물건이라도 더 귀엽다는 이유로 비용을 더 지불하고서라도 구입할 생각이 있느냐는 질문에 그렇다는 응답은 81.1%로 상당히 높은 수준이다. 이어서 추가 지불 의향이 있다고 응답한 경우에는 얼마까지 더 지출할 수 있는지 추가 질문을 던졌다. 상품의 원래 가격을

100이라고 가정했을 때 추가 지출할 수 있는 금액을 비율(%)로 응답하게 한 것이다.

추가 지불 가능한 금액의 응답은 원래 가격의 5%부터 무려 80%까지 다양하게 분포했다. 가장 응답이 많았던 순서대로 보면 50% > 30% > 10~20% > 60% > 15% > 5% 순으로 나타났는데, 단지 더 귀엽다는 이유로 무려 상품 원래 가격의 50% 정도는 추가 지불할 수 있다는 응답이 가장 많이 나왔다는 건 매우 흥미로운 포인트다. **Z세대가 귀여움의 미학이 가미된 상품의 부가가치를 높게 평가한다는 근거다.**

"귀여우면 용서가 된다는 말이 있다. 어느 정도까지 가격이 높아도 귀여우면 용서가 된다." (만 24세, 남성)

"'따로 구매를 하지 않고 보는것'을 더 선호하는 저로선 귀여움에 대한 소비는 자주 와닿지는 않지만, 식사 한 끼 정도의 비용 정도까지는 가끔 투자하는 편입니다." (만 25세, 남성)

"친구들과 카페를 정하는 기준을 생각해보았을 때, 과일을 귀엽게 조각낸 샌드위치를 파는 곳에 가보고 싶다거나… 이에 금액은 크게 신경 쓰지 않음. 경험값, 사진값이라고 생각. SNS에 감성있는 사진을 올리고 싶은 이유가 가장 많이 차지하는 듯" (만 21세, 여성)

● **귀여움은 소비에 영향을 미치는 감성이라고 인정하는 편**

아예 대놓고 '귀여움'의 감성이 소비에 영향을 미친다고 생각하는지 질문했더니 78.4%가 그렇다고 응답했다. 이 질문은 본인의 경우에 국한하지 않고 요즘의 세태에 대한 객관적 진단을 요구한 것인데, 긍정률이 매우 높게 나타난 편이다. 구체적으로 귀여움과 소비에 대한 이들의 목소리를 들어보자.

"귀엽다는 생각이 들면 관심 없거나 구매 고려 항목에 없더라도 한 번 더 살피게 되고 이러한 과정에서 구매를 하는 경우도 발생하는 것 같습니다. 또한 '이왕 구매하는 제품 더 귀여운 디자인을 사자!'라는 마음도 있습니다. 이전에 구매했던 물품 중에 귀여운 디자인들을 보면서 볼 때마다 기분이 좋아지는 경험을 계속 해왔기 때문에 이러한 경험이 앞으로의

소비에 영향을 미치는 것 같습니다." (만 23세, 여성)

"같은 용도의 물건이라도 귀엽다면 해당 상품을 가지고 있을 때 기분이 더 좋아요ㅎㅎ 그래서 나의 기분에 투자하는 느낌도 큰 것 같습니다." (만 22세, 여성)

"최근에 저의 소비는 귀여워서 구매하는 소비량이 높아졌는데요, 일본 나가노마켓에서 판매하는 인형도 구매하고 동대문에 가서 키링 부자재도 구매해 만들어보면서 귀여운 소비를 많이 하는 것 같습니다. 힐링도 되고 어렸을 때 잘 구매하지 못했던 물건을 성인이 되어 구매해보고 있지 않나 생각이 드네요." (만 23세, 여성)

"귀엽다는 건 어떠한 애정을 가지고 있는 거라고 생각합니다. 귀여운 건 계속 보고 싶고 생각나고 봐도 봐도 기분이 좋아지는 감정이 드는 것 같아요. 그렇기에 귀여운 건 가지고 싶고 구매하게 되는 게 아닐까…😳" (만 25세, 여성)

필요 여부와 상관 없이 귀여움 요소의 유무가 상품에 대한 관심, 나아가 구매 고려까지 좌우할 수 있다는 반응이 나타나는 점에 주목할 필요가 있다. 귀여움 소비를 크게 갈라보면 '이왕이면' 혹은 '그냥 귀여워서'로 나눠볼 수 있을 것 같은데, 전자는 어차피 사야 할 물건이라면 '이왕이면 귀여운 걸로' 사겠다는 것이고, 후자는 '필요나 쓸모가 아니라 귀여움 자체'가 소비의 목적이 되는 경우에 해당한다. 특히 Z세대 여성들의 응답에서는 '이왕이면'을 넘어서 '그냥 귀여워서' 혹은 더 적극적으로 귀여움을 추구하는 소비도 나타나는 걸로 보인다. **이런 귀여움 소비가 주는 편익은 명백하다. 리프레시와 힐링이다.** 사거나 만들 때 즐겁고, 달고 다니다 보기만 해도 좋은 기분을 유지하게 해주며 때로는 위로 받는다. 주관식 응답 내용 중 '나의 기분에 투자한다'는 표현이 인상적이다. 이런 표현에 미루어볼 때, Z세대에게 좋은 기분을 유지한다는 것이 일종의 생산성이나 효율을 높이는 것과도 비슷하게 여겨지는 것이 아닐까 생각하게 된다.

　이처럼 Z세대 대부분에게 귀여움은 소비를 촉진하는 요인이지만, 한편으론 소수지만 다른 의견을 말하는 목소리도 있었다.

"여자들은 귀여운 것에 더 돈을 쓰는 경향이 있지만, 남자들은 그렇지 않은 것 같습니다." (만 25세, 남성)

"귀엽다는 이유로는 내 지갑을 열 수 없다고 생각합니다." (만 22세, 남성)

단 두 명에 불과하지만, 둘 다 남성이다. 이건 예상한 대로다. 그래도 귀여움 소비에 좀 더 열광적인 건 확실히 여성 쪽인 건 사실이다. 다만 예상과 달리 귀여움에 대한 남녀 반응에 차이가 크지 않다는 점이 중요하다. 관습이나 통념 때문에 무의식적으로 배척하는 마음이 있을 수 있지만, 그 경계는 흐려지고 있는 것으로 보인다. **요는 Z세대 남녀에게 귀여움이란 보다 다양한 상황을 포괄하는 감성으로서 사용 빈도가 높아졌을 뿐 아니라 소비에 상당한 영향을 미치고 있다는 것이다.**

3장

귀여움의 맥

우리가 그동안 귀여워해온 것들

**귀여움은
복잡하다**

　　보통 귀여운 것은 단순하다. 성격이든 생김새든 대체로 단순하다. 하지만 앞에서 세밀하게 갈라봤던 것처럼, 귀여움이라는 감성의 결을 파고들어 가보면 전혀 단순하지 않다. 오히려 복잡다단하기 짝이 없다. 시간이 흐름에 따라 있던 말이 사라지고 없던 말이 새로 생기기도 하지만, 어떤 말은 형태는 그대로 두고 의미나 뉘앙스, 대상이나 범위가 겹겹의 결로 분화하고 촘촘한 의미의 층을 갖게 되기도 한다.

　　다만 **새로운 말이 생겨나거나 원래 쓰던 말에 의미가 더해지는 변화란 수십, 수백 년에 걸쳐 언중(言衆)들의 사용과 암묵적인 합의에 따라 천천히 진행되는 것이었다. 그러나 디지털의 시대는 이**

과정마저 점령하고 한껏 단축해놓았다. 이제는 거의 20여 년 이상의 역사를 갖게 된 온라인 커뮤니티와 각종 SNS에서는 촌철과 같이 핵심을 찌르고 유머가 번득이는 말들이 매일 생겨나고 또 사라진다. 그중에는 디지털 시대의 새로운 속담이나 격언이라 해도 무방할 정도로 많은 사람들의 공감을 얻어 오래도록 회자되고 생명력을 유지하는 것들도 있다. 특히 디지털 이주자, 디지털 원주민에 해당하는 밀레니얼, Z세대는 이런 커뮤니티와 SNS가 상존하는 시대를 살아왔기에 그 속에서 일어났던 사건이나 이슈들은 비록 온라인 세상에서 일어난 일이라 해도 이들의 머릿속에 어떤 대상의 의미나 관념을 형성하는 데 지대한 영향을 미치고 있다. 추상적인 관념을 구성하는 세부적인 요소들, 사람들이 자연스럽게 연상하는 이미지나 말들 역시 언중들의 공통 경험에 의해 함께 변화한다. 동일한 언어와 문화권에서 살아가는 동시대인들 사이에는 그런 공통 경험이 쌓이면서 암묵지가 되고 비유가 되고 상징물이 더해지기도 한다. 귀여움의 관념과 의미 역시 마찬가지다.

　귀여움의 사전적 의미와 별개로, 요즘 귀여움이 환기하는 의미나 감성을 구성하는 데 영향을 미친 과거의 화제나 이슈들, 그것을 가지고 놀았던 패러디가 여전히 어딘가에는 존재한다. 귀여움의 의미가 어떻게 확장돼왔는지, 그 속에 어떤 함의가 녹아 있는지, 현재 귀여움의 트렌드를 이해하기 위해서는 그 관념과 의미가 형성돼온 과정에 대해서도 이해가 필요하다. 이 장에서는 현재 귀여움이 지배적 감성으로 떠오르기까지 우리의 '귀여움' 인식을 형성해온 오랫동안 회자된 말들, 이슈들, 의미들을 짚어보려고 한다.

'귀여우면 끝': 마음이 가야 귀엽다

"귀여움에 대해 쓰고 있어요."

이 책을 쓰는 동안 이렇게 말하면 열에 여덟아홉쯤, 사람들이 꺼내는 말이 있었다.

"오, '귀여우면 끝'이라잖아요. 재밌겠는데요…."

'귀여우면 끝', 이제 거의 웬만한 사람들에게 상식적인 관용구가 되었다. 비슷한 표현으로 '귀여우면 답도 없다', '귀여우면 다 용서된다' 등이 있다. 이 말은 원래 아이돌 덕질 문화 속에서 탄생했다. 마음을 다해 뭔가를 좋아하고 즐기는 사람들이 모인 곳이 덕질 세계인 만큼, 덕후들 사이에서는 마음을 뺏긴 사람들의 감정의 흐름과 심리 상태에 대해 예리하면서도 순간 파안대소하게 만드는 일종의 격언이나 명언이 생겨나곤 하는데, '귀여우면 끝'이라는 말도 그중 하나인 셈이다.

이 관용구가 덕질과 관계없는 머글들에게도 통용되고 있는 것을 보면 보편성 획득에 성공한 것으로 보인다. 그만큼 많은 사람이 공감하고 동의했다는 의미일 것이다. '머글'이란 〈해리 포터 시리즈〉에서 마법사가 아닌 일반인을 가리키는 용어로 쓰였는데, 우리나라에선 특정 덕질과 무관한 사람을 일컫는 말로 자리 잡았다.

여하튼 '귀여우면 끝'이라는 어구가 나오게 된 진정한 유래와 의미를 이해하려면 '입덕 부정기'라는 개념을 우선 이해해야 한다. '팬, 즉 덕후가 된 것을 부정하는 시기'라는 뜻인데, 여기서 '덕'이라는 어근은 원래 일본어 '오타쿠(お宅, おたく)'가 한국에 들어오면서 발음과 형태의 변천을 거친 끝에 생겨난 것이다. 일본어 오타쿠는 '당신의 집'을 의미하는 단어지만, 1980년대 일본에서 특정 취미나 분야에 깊이 몰두하며 칩거하는 사람들을 가리키는 말로 쓰이기 시작했다. 이때는 주로 사회적으로 고립되고 비사교적인 사람을 뜻하는 부정적인 뉘앙스를 포함하고 있었다.

그런데 이 단어가 한국에 유입되면서 '오타쿠'는 한국식 발음으로 '오덕후'로 변형되었고, 이후 줄어서 '덕후'라는 말로 자리 잡게 된다. **시간이 흐르며 '덕후'는 특정 분야에 대한 열정과 전문성을 가진 사람을 긍정적으로 표현하는 단어로 의미가 변화했다.** 이제 덕후는 단순한 관심을 넘어 특정 대상을 열정적으로 좋아하며 전문가 수준에 근접하는 지식을 가지고 관련된 활동을 즐기는 사람들을 일컫는 말로 널리 사용된다.

그런 덕후가 열정적으로 몰입하며 하는 활동들은 '덕질'이 되었고 '덕'은 덕질, 덕후 등의 중심 의미를 담은 어근으로 활용되기 시작했다. 그래서 '뮤지컬 덕후'는 '뮤덕'이라 불리고 '군사 덕후'는 '밀리터리 덕후', 즉 '밀덕'이라 불린다. 이처럼 뭔가에 깊이 몰입한 상태를 가리키는 의미의 어근이 '덕'이 되면서, 특정 대상에 대한 '덕후'가 되어 '덕질'에 입문하는 것을 '들어갈 입(入)' 자를 써서 '입덕'이라 부르기에 이른다.

'입덕 부정기'는 바로 그 '입덕을 부정하는 시기'라

는 것인데 통상 아이돌이나 연예인 덕후들이 많이 겪는 과정이다. 입덕을 했으면 했다고 순순히 인정을 하는 것이 좋을 텐데, 연예인을 비롯한 아티스트 덕후가 되는 것에 익숙지 않은 사람들은 어쩔 수 없이 끌리고 계속 보고 또 보고 싶은 마음에 당황하면서 '이러다 말겠지', '내가 설마 이렇게 빠졌다고? 말도 안 돼' 뭐 이런 식으로 '덕후'가 되기 직전, 자신이 팬이 되고 있다는 사실을 부정하는 시기를 종종 겪게 된다. 배경 설명이 길었지만, 이제야 드디어 본론인데, **소위 '입덕 부정기'를 겪는 사람들에게 정말로 내가 입덕을 했는지 안 했는지 판별하는 데 가장 효과적인 자가 진단 문항이 바로 '마침내 그 대상이 귀여워 보이기 시작했는가?'라고 한다.** 덕질은 마음을 주고 몰입하는 것을 의미하는데 그것을 판별하는 조건이 '귀여운가?' 여부라는 건 귀엽다는 감정이 깊이 마음을 주어야만 생겨나는 것이란 점을 역으로 방증한다.

나는 이 과정을 몸소 체험했기에 누구보다 생생하게 이야기할 수 있다. 때는 2021년 말, 소파에 드러누워 채널을 돌리다 MBC 드라마 〈옷소매 붉은 끝동〉의 5화

재방송을 우연히 보게 된 나는 갑자기 눈이 번쩍 뜨여 옷깃을 여미고 자세를 고쳐 앉게 되는 신묘한 경험을 하게 된다. 조선 22대 왕, 정조 이산과 후궁 의빈 성씨의 러브 스토리를 그린 이 드라마에서 정조 역을 맡은 남자 주인공 이준호의 연기력에 속절없이 홀린 나는, 어느새 유튜브를 통해 드라마 메이킹 영상을 찾아보는 수준을 넘어 2세대 아이돌그룹 2PM 출신인 그의 과거 무대 영상과 소속사가 만드는 '자콘(자체 콘텐츠)', 군복무전 앳된 시절에 출연했던 오래된 예능과 이전 출연작들까지 모두 섭렵하는 경지에 이르렀다. 그래도 스스로 덕질 중이라고 말하기엔 저항감이 있었다. 고등학교 때도 안 해본 덕질을 내가? 40대에 들어선 지금 와서? 도저히 인정하기가 어려웠다. 전형적인 입덕 부정기를 남들과 똑같이 겪었던 셈이다.

그러다 덕질계에서 탄생한 이 말을 접하게 됐다. '귀여우면 끝'이라는 명언 말이다. 어느 순간 '아… 귀엽다…!'라고 느끼는 걸 자각한다면, 명실공히 덕후의 반열에 올랐음을 인정해야 한다는 것이다. 물론 지금의 멋진 모습은 너무 좋지만, 데뷔 초에는 누구나 조금은 촌스럽고 어색할 수 있는 법. 그런데도 입꼬리가 자동으로 올라가며 그 미숙함과 어설픔마저 "귀엽네~"라고 중얼거리는 자신을 발견한다면 어쩔 도리 없이 '아, 나 애한테 입덕했구나!'라고 인정해야 한단다. 부정할 수 없는 입덕의 순간이다.

예쁘다는 말은 어느 정도 객관성을 띠는, 팩트가 기반이 되어야 하는 표현이다. 비슷한 미적 기준을 공유하는 동시대인들에게는 대체로 누군가 예쁘다고 생각하면 다른 사람 눈에도 예쁘다. 그러나 귀엽다는 말은 다르다. 누군가는 귀엽다고 하는데 어떤 사람에게는 전혀 감흥을 주지 못할 수도 있다. 심지어 무감함을 넘어 혐오스러울 수도 있다. **귀여움이라는 감성은 매우 주관적인 것이기 때문이다.** 판다 푸바오에 대해서도 누군가는 눈물을 흘리고 여태 그리워하는데, 누군가는 대체 그냥 판다 한 마리를 두고 왜들 그러는지 모르겠다고 고개를 가로젓지 않는가?

그래서 귀엽다는 말은 팩트와 관계가 없다. 귀엽다

는 표현에는 마음이 담겨 있다. 좋아하지 않아도 객관적으로 예쁘다고 말할 수는 있지만, 귀엽다고는 말하기 어렵다. **그래서 마음이 가야 귀엽다. '귀여우면 끝'이라는 얘기는 '이미 마음을 줘버렸으니 끝'이라는 뜻이다.**

'귀여우면 끝', 그리고 그 시점부터 '덕질은 시작'이다. 최애가 무슨 짓을 해도(범죄 제외) 귀여워 죽겠다. 손이 큰 것도 귀엽고 무심코 바지를 꼭 쥐는 버릇도 귀엽고 쑥스러울 때면 귀만 빨개지는 것까지도 덕후들끼리만 공감하는 귀여움의 디테일이 된다. 그리고 아낌없이 지갑은 열린다. 다른 건 다 아끼더라도 최애의 앨범과 굿즈는 무조건 산다. '오프'[15]를 뛰고 콘서트는 무조건 '올콘'[16]이다. 그래서 40대 덕후는 행복하다. 시간은 없지만 전부 사들일 돈은 있다. 도대체 아깝지가 않다. 마음이 간다는 건 그런 것이다.

그런데 이 말이 탄생한 온라인 상에서 그 의미가 어떻게 받아들여지는지 궁금해서 검색을 하다 보니 20대 여성 커뮤니티에서 '귀여우면 끝'이라는 말의 의미를 묻는 익명 게시물에 수많은 댓글이 달린 걸 발견했다.

주옥같은 이야기들이 많아서 지나치기가 어려웠다. 몇 가지를 추리고 분류해보면 귀여움의 감성이 가진 힘이 무엇인지 윤곽이 잡힌다. 아래 내용을 살펴보자.

귀여움은 용납하게 한다

"귀여움을 느끼면 순간 못생긴 게 안 느껴져서 무서워…"

"잘생겨서/이뻐서 좋은 건 갑자기 못생겨 보이면 질릴 수 있잖아. 근데 귀여운 건 어떤 기준(조건)이랄 게 없어서 갑자기 그 사람의 행동에서 귀여움을 느끼면 쉽게 미워지기 힘들어"

"잘생기면 깨기 쉬운데 귀여워 보이는건ㅋㅋ 허들이 낮아짐 웬만하면 다 좋게 보여"

"저 사람 귀여운 구석이 있었네 라고 느낀 순간 그 사람이 하는 게 다 귀여워 보이고 용납이 가능할 것 같은 느낌ㅋㅋㅋ"

"말 그대로 콩깍지지 뭐"

"그냥 아무것도 안 해도 내 눈에 보이면 자동으로 웃게 됨 실실…"

귀여움은 다 해주고 싶게 한다

"귀여우면 걍 다해주고픔"

"귀엽다는 게 약간 성애가 아니라 모성애 부성애가 섞이는 단계인 거 같아ㅋㅋㅋㅋㅋ 내리사랑 못 따라가듯이 유사육아가 찐이야…"

"이쁘고 보기 좋으면 그냥 거기서 끝인데… 귀여우면 뭘 해주고 싶어ㅋ"

"그 사람이 뭘 해도 귀엽고 사랑스러운데 내가 해준 무언가 때문에 그 사람이 행복하게 웃는다? 그럼 심장 터지지ㅋㅋㅋ 나도 넘 행복해지니까 그래서 무조건적으로 다 해주고 싶고 그르치"

귀여움은 사랑하는 마음을 전제로 한다

"사랑하기 때문에 귀여워 보이는 거라서 다 그냥 감당 가능할 거라는 마음이 들어서… 흐린 눈[17] 가능"

"귀엽다고 느끼는 순간 그냥 전부 다 사랑하게 돼…"

"여기서의 귀여움은 cute가 아니라 lovely라서 이미 주관적인 사랑스러움이 박힌 상태임"

"오랫동안 좋아하고 사랑한 것들이 끝에는 귀여워하는 감정으로 남는 거 같아ㅋㅋㅋ 나는 그랬음…"

귀여움은 조건을 초월한다

"부모님도 할머니도 동네아저씨에게서도 가끔 귀여운 포인트는 느끼잖아. 나이 성별 외모 다 뛰어넘어서 느낄 수 있는 감정?"

귀여움은 콩깍지다. 못난 부분도 보이지 않게 만들고 모든 것을 용납하게 만든다. 이에 더해 귀여움은 기꺼이 뭔가 해주고 싶고, 다 주고 싶은 마음을 저절로 불러일으킨다. 댓글에는 자녀에게 아낌없이 주고 싶은 부모의 마음과도 비슷해서 성애가 아니라 모성애나 부성애와 더 가깝다는 표현이 나타난다. 하이브 방시혁 이사회 의장이 일찍이 "팬들은 부모처럼 조건 없는 사랑을 주는 사람들"이라며 "팬덤은 마음의 비즈니스"라고 말한 것과 의미가 통한다. 다 해주고 싶은 마음이 가능한 건 기본적으로 귀여움의 기저에는 사랑의 마음이 깔려 있어서다. '귀여움'이란 'cute'가 아니라 'lovely'라는 댓글이 예리하게 개념을 세워준다. 그러니 할머니도 할아버지도 심지어 아저씨도 귀여울 수 있다. **마음의 문제이기에 생김새나 나이, 성별 등의 조건을 초월하며 사랑하는 마음에는 기준도 없기 때문이다.**

'안녕하새오, 주인님': 의인화의 기표

　　어떤 유행이나 밈은 잠시 반짝하는 데 그치지 않고 사람들의 인식과 언어 습관 속에 깊이 뿌리를 내려서 오랫동안 생명력을 유지한다. 때로는 시간이 흐르는 사이 유래조차도 잊힌 채 의미만 남아서 계속 유행어처럼 입에 붙어 쓰이기도 하고, 나중엔 그것이 유행했던 어떤 시절을 떠올리게 하는 상징이 되기도 한다.

　　여전히 생명력을 갖고 있는 그런 것들 중 하나로, **귀여움의 기호 중 하나가 되어버린 말투 혹은 문체가 있다. 일명 '새오체'다.** 이것의 용법은 보통 '안녕하새오, 주인님…'으로 시작하는 인삿말인데, 동물이라든가 사물 등 인간이 아닌 것들을 의인화해서 그들이 인간의 언어를 가까스로 익혀 약간 서툴게 말하는 듯한 분위기를 전달하는 것이 중요하다. 종결어미를 '~새오', '~애오'라고 하는 특징 때문에 새오체 혹은 해오체가 되었다. 한국에서 2010년대를 살아온 40대 이하 일반적인 인터넷 생활 경험자들 사이에서는 대체로 통용되는 암묵지다.

이것이 처음 이슈가 된 건 2015년 11월 초, '국민대 대신 전해드립니다'라는 페이스북 페이지에 올라온 사진이 화제가 되면서다. 겨우내 학교 건물 안으로 고양이가 들어오는 걸 막기 위해 아마도 관리자가 써 붙였을 법한 "건물 내 고양이 출입금지, 문을 꼭 닫아주세요!"라는 글 아래에 이런 글이 붙었다.

안녕하새오 고양이애오 겨울 추어오 문 열어주새오
가족 대려오깨. 감사해오. 문 열어주새오

올망졸망한 새끼들을 줄줄이 달고서 겨우내 따뜻하게 지낼 곳을 찾는 토종 삼색 고양이의 모습이 눈앞에 선하다. 맞춤법이 조금 틀리기도 하고 공손한 가운데

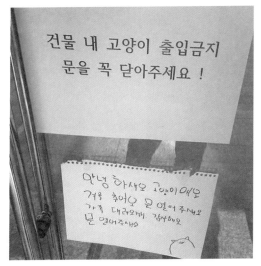

의도치 않은 반말이 살짝 섞이는 것이 애잔하면서도 귀엽다. 스케치북을 북 뜯어서 삐뚤빼뚤하게 쓴 손글씨와 한 귀퉁이에 그려진 고양이 귀도 마음을 흔드는 포인트다. 마음이 몽글몽글해지면서도 짠해져서 겨우내 고양이 가족들을 위해 문을 활짝 열어줘 버리고 싶어진다.

　이제는 많이 알려진 사실이지만 이 새오체는 원래 일본 작가 온다 리쿠의 단편집 『나와 춤을』에 수록된

편지 쓰는 강아지 – DALL·E

「충고」라는 단편소설에 처음 등장했다. 이 소설에서 주인공은 삐뚤빼뚤한 글씨로 서툴게 쓰인 편지를 한 통 받는다. 기르는 개 '존'이 앞발로 주인에게 힘들게 적어 보낸 편지였다. 편지의 서두는 이렇게 시작한다.

"안녕하새오 신세 만아오 주인님
산책 공놀이 늘 고맙스이다 올여름은 더워서
시원한 시트 조았어오.
해마다 더워지는 거 지구 온난화 탓이조 맨발로
바깥을 걱는 것도 해마다 힘들어줍니다…"

소설 속 개 '존'은 모종의 이유로 갑자기 인간의 말을 이해하고 쓸 수 있게 된다. 그걸 일본어로 된 원문에서는 글자 누락이나 맞춤법 틀림 등으로 표현했는데 원문의 느낌을 어떻게 살릴지 고민하던 끝에 번역가가 만들어낸 어투가 새오체의 근간이 된 것이다. 이 얼마나 탁월한 번역인지! 번역가는 언론 인터뷰를 통해 '착하지만 똑똑하지는 않은 개'의 느낌을 주고 싶었다고 말했다.[18] 번역가의 의도는 확실히 통했다.

건물 입구에 붙은 메모 사진이 널리 알려지자 많은 사람이 이 이슈에 재미와 귀여움을 느끼면서 2차 생산이 시작되었다. 화제가 된 직후인 2015년 11월, 페이스북에 '안녕하새오'라는 계정이 생겼고, 이 계정에는 새오체를 활용해서 동물이나 사물을 의인화한 '짤'들이 올라왔다. 말투는 어설프지만 촌철살인의 유머러스한 메시지를 담은 짤들은 순간적으로 강렬한 웃음을 준다. 이제 보니 지금은 콘텐츠의 기본이 된 영상 숏폼의 한 컷 버전 같다.

이 문체의 유래는 다소 잊혀졌지만, 활용 면에서는 현재까지도 여전히 생명력을 갖고 있다. 에버랜드 공식 채널이나 푸바오 팬 계정에서도 판다들의 의인화된 말투로 새오체가 은은하게 쓰이고 있는 것을 여전히 목격

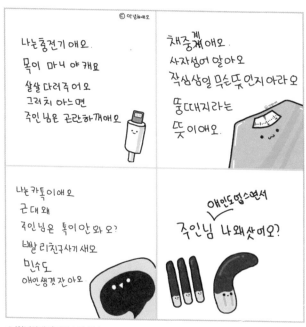

© '안녕하새오' 페이스북 채널

할 수 있다. 예를 들면 이런 식이다.

"하늘이디어 우디 가족 다 건강하고 햄복하게 해주데오"

"어머 저 찌그는 거에오?"

　　2000년대 이후 인터넷의 시대가 시작되면서 온라인 상에 그림이나 글로 남은 기록들은 한참이나 지나서까지 생명력을 갖고 오래도록 소환된다. 두고두고 회자된 유머나 화제의 최초 진원지였던 게시글에 뒤늦게 들러서 댓글을 다는 '성지순례' 같은 문화가 가능해진 것도 인터넷 상에 남은 기록들이 오래도록 유적처럼 남아 있은 덕분이다.

　　시간이 흐르며 연원조차 모른 채 사용하는 경우도 많지만, **새오체는 친근함과 순수함을 드러내는 서툴고 순진한 어투로서 특히 동물이나 사물의 의인화를 통해 귀여움을 드러내는 속성으로 기능하고 있다.** 뛰어난 번역가의 기지가 우연히 화제가 되고 패러디 등 2차 콘텐츠 생산으로 이어지면서 한국인의 귀여움 관념을 구성하는 요소 중 하나로 남은 것이다.

'나만 없어 고양이': 순수한 객식구에 대한 갈망

복슬복슬한 털과 까맣고 선한 눈, 약간 젖어서 반들거리는 코, 마음을 숨기지 못하고 세차게 흔들어대는 꼬리, 작고 통통한 몸에 꽉 들어찬 흥분을 숨기지 못하고 날뛰며 반기는 모습에는 도무지 당할 수가 없다. 결국 저항할 수 없이 입꼬리가 올라가 버린다. 입꼬리는 명백히 불수의근이라는 걸 이토록 참을 수 없이 귀여운 존재로부터 새삼 깨닫는다. 등을 어루만지면 어느새 배를 드러내고 누워버리고, 매일 함께하며 밥을 챙겨주는 다른 종(種)의 보호자를 전적으로 신뢰하며 의심하지 않는다. 소파에 남편과 앉아 있노라면 두 사람 사이에 굳이 비집고 들어와 가운데 앉는다. 마치 거기가 당연한 자기 자리라는 듯이. 여행이나 출장 짐을 싸느라 캐리어를 꺼내서 펼쳐놓으면 가방 안에 스스로 들어가 자리를 잡고 앉아버리곤 한다. 가족들이 앉아서 뭔가를 바닥에 펼쳐놓고 조립한다든가 정교한 작업을 하고 있으면 '뭔데, 뭔데?'라고 하는 듯이 가까이 다가가 냄새도 맡고 구경도 한다. 호기심 가득한 '프로 참견러'가 따로 없다. 우리 집 반려견 '토토' 얘기다.

일부러 눈높이를 맞춰 끌어안고 마주 보며 가만히 눈을 들여다보자면 어떤 의도도 악의도 없는 말간 눈망울 속에 내가 비친다. 일찍이 친정에서 기르던 강아지 두 마리를 지극정성으로 돌봤던 동생은 그 눈망울을 두고 "이게 바로 이노센트(innocent)"라고 말했다. '이노센트'는 아무 데나 쓸 수 없는 단어다. 법정에서 '무죄'는 'innocent'가 아니라 'not guilty(유죄가 아닌)'다. 인간의 법정에서 완전무결한 순수함과 결백함을 감히 단정하기는 어려워서라고 들었다. 완벽하게 천진하고 무구한 존재가 아니고서야 감히 이 단어를 감당할 수 없다.

　　이렇게 순수하고 귀여운 객식구들을 곁에 두고 있는 사람들이 우리나라 전체 가구의 절반 가까이 된다. 용어도 '애완'이 아니라 '반려'로 완전히 정착했고, Z세대 설문 결과에서 귀여움의 대상으로 언급된 동물 중 대부분은 강아지와 고양이 등 집에서 함께하는 반려동물이다. 릴스나 숏츠에 나오는 강아지, 고양이를 언급한 응답도 상당했다. 반려동물과 함께하고 싶지만 사정상 그러지 못하는 사람들이 많다는 걸 떠올려보면 자연히 생각나는 말이 있다. **약간 투정하고 칭얼거리는 투로 말해야만 할 것 같은 유행어, '나만 없어 고양이'.**

　　'나만 없어 고양이'라는 말이 가장 먼저 기사화된 건 2017년[19]이다. 이미 2017년 초 기사에서 '나만 없어 고양이'라는 말이 상당히 화제가 되고 있음을 전제로 하고 있는 걸 보면, 이 말이 생겨난 건 아마 그보다 조금 앞선 시기일 것이니 대략 2010년대 중반으로 추정된다. 이 기사의 초점은 반려동물과 함께하는 반려 인구가 계속해서 증가하는 가운데 반려동물과 함께하는 것이 상당한 수준의 경제적 안정을 요구하는 탓에 경제적 기반이 약한 청년들은 감히 키울 생각을 못 하고 소셜미디어를 통해 귀여운 고양이 계정을 찾아다니는 등 '랜선 집사'를 자처한다는 데 있었다. 그래서 '나만 없어 고양이'라는 말엔 반려동물을 갈망하는 마음이 담겨 있기도 하지만, 한편으로는 약간 자조적인 의미도 담겨 있었다.

이런 말이 유행어가 됐다는 건 두 가지 의미가 있다. 하나는 반려동물을 기르지 않는, 아니 못 하는 것이 일종의 박탈감이 들게 할 정도로 반려동물과 함께한다는 건 애타게 갈망하는 일이 되었다는 것, 또 하나는 반려동물로 단연 개를 기르는 비율이 높았던 우리나라에서 고양이를 키우는 사람들이 빠르게 늘고 있다는 것이다. 그런데 왜 하필 강아지가 아니고 고양이일까?

우리나라 반려견 수는 약 550만 마리, 반려묘는 약 250만 마리 정도로 추정된다고 한다. 반려묘의 증가는 1인 가구 증가와 그 추세를 같이한다. 아무래도 고양이는 개와 달리 독립된 생활을 하고, 영역 동물에 수직 생활을 하는 편이라 공간의 넓이나 바깥 산책의 부담은 물론 늘 스스로 그루밍을 하면서 몸을 깨끗이 하는 터라 목욕 등의 관리 부담도 상대적으로 덜하다는 점에서 젊은 1인 가구가 집사를 자처하기에 좋은 특성을 가진 것도 사실이다. 물론 하나의 생명으로서 그 책임의 무게는 다르지 않지만 **고양이에 대한 선호와 1인 가구의 증가 사이에는 정(正)의 상관관계가 존재한다.** '나만 없어, 고양이'라는 말이 유행한 이면에는 반려동물과 함께하는 삶에 대한 갈망이 커진 것과 더불어 1인 가구 증가라는 사회적 배경이 있었던 것이다.

2019년 8월에는 〈나만 없어 고양이〉라는 제목의 영화가 개봉했다. 네 개의 에피소드로 구성된 옴니버스식 영화로, 각 에피소드는 다양한 세대의 집사들과 고양이의 이야기를 다룬다. 제목만 고양이를 내세운 것이 아니라 정말로 고양이가 주인공인 극영화로, 제작 과정에서도 네이버 '냥이네' 카페를 통해 고양이 배우 오디션을 진행했고, 배우와 스태프 선발을 할 때에도 고양이를 좋아하는지 여부를 우선시했다고 한다. 단순히 반려 인구 증가나 반려묘 증가 등 트렌드에 편승한 영화

© 트리플픽쳐스

가 아니라 제작 과정에서도 고양이에 대한 진정성을 놓
치지 않았다는 점을 내세운 것이다.

　국립민속박물관에서는 2024년 5월부터 8월까지
〈요물, 우리를 홀린 고양이〉라는 기획 전시가 개최됐다.

© 국립민속박물관

고양이와 인간의 관계를 역사적·문화적 관점에서 조명한 특별 전시였다. 이 전시는 과거 문헌이나 그림 자료, 설화 등에 나타난 고양이 이야기를 다룬 '귀엽고 요망한 고양이', 현대의 반려동물로서의 고양이를 다룬 '안방을 차지한 고양이', 그리고 고양이와 함께 공존하는 방법에 대한 생각의 실마리를 던지는 '우리 동네 고양이'의 세 가지 부분으로 구성됐다. 전시 포스터는 고양이 꼬리를 모티프로 활용해 귀엽지만 새침하게 꼬리를 살랑거리며 사뿐사뿐 걷는 고양이 특유의 움직임을 떠올리게 하는 타이포그래피로 디자인됐다.

물론 애묘인들에게는 반가운 전시였겠으나 한편으론 '민속박물관이 고양이를 왜?'라는 의문이 자연히 피어난다. 이에 대해 전시를 기획한 학예사는 "민속이라고 하면 흔히 과거의 것만 생각을 하는 경우가 많지만 현대적 반려동물의 의미를 다루는 것까지 민속에 포함 된다"고 말했다. 새삼 '민속(民俗)'이라는 단어의 사전적 정의를 찾아보니 '민간 생활과 결부된 신앙, 습관, 풍속, 전설, 기술, 전승 문화 따위를 통틀어 이르는 말'이라 한 다. 옛날이 아니라고 해도 민간 생활 속에 나타나는 보 편적 생각이나 습속이라면 모두 민속의 범위에 넣을 수 있겠다 싶어 고개가 끄덕여진다. **고양이를 사랑하고 반려하 는 습속이 그만큼 사람들의 생활 속에서 비중이 커지고 중요해지고 있으니 민속박물관이 과연 조명할 만하다고 말이다.** 아닌 게 아 니라 아마도 먼 훗날에 이 시기를 돌이켜본다면, '애완 동물'이 '반려동물'로 일종의 '지위 격상'이 이루어지고, 반려 가구가 네 집 중 한 집이 될 정도로 수가 늘어나 며, 강아지에 늘 밀렸던 고양이가 1인 가구 증가와 함께 반려동물로 급부상했던 시기로 기억하게 될 것으로 보 인다.

'반려'의 확장: 거절당하지 않는 애착 관계

이제는 '반려동물'이라는 말이 더 익숙할 정도로, 원래 '애완'의 위치에 있었던 관계가 '반려'라는 관계로 불리기 시작한 지도 꽤 시간이 흘렀다. '애완'은 '사랑할 애(愛)', '희롱할 완(玩)' 자를 쓴다. 가까이 두고 귀여워하고 즐긴다는 뜻이다. '완'은 장난감을 가리키는 '완구'에 쓰이는 그 글자다. 이것이 '반려'라는 말로 바꾸어 쓰이기 시작한 데에는 집에서 함께 살며 기르는 동물을 가족의 범위에 편입하는 것을 주저하지 않게 되면서 동물과의 관계를 소유나 즐김의 관점으로 보는 건 적절치 않다는 자각이 계기로 작용했다. 귀여움에서 비롯된 사랑의 마음이 존중으로 이어진 것이다.

요즘은 SNS 상에서 '우리 집 막내'라는 말은 반려동물을 가리키는 경우가 많다. 주인과 소유 동물의 관계가 아니라 자식이나 형제 등 가족의 개념으로 받아들여서다. 영어에서도 원래 애완동물을 'pet'이라고 부르지만 최근에는 'companion animal'이라든가 'support animal'이라고 부르는 경향이 나타나고 있다. 'pet'에는 '귀여워서 쓰다듬는다'는 개념이 담겨 있어서 '애완'이라는 말과 상통하는 반면, 'companion'은 친구, 동반자라는 의미다. 'support'는 정서적 지지를 해준다는 의미로 쓰였다. 단순히 곁에 두고 어루만지고 예뻐하는 소유 동물에서 정을 주고 사랑과 교감을 나누는 가족 같은 존재가 되면서 '애완'이 '반려'로 바뀐 것이다.

'애완동물'이 '반려동물'이 되자 이어서 '반려'라는 말의 의미가 확장되는 현상이 나타났다. 원래 '반려자'의 의미 정도로 쓰이던 말이었는데 우선 '반려'의 대상이 다양해졌다. 먼저 집에서 가꾸는 화초나 식물이 '반려'의 대상으로 떠올랐다. '반려식물'을 집에 들이고 보

살피는 사람들은 스스로를 '식집사'라 칭했다. 식물을
잘 가꾸기 위해 열린 정보의 창을 통해 가꾸는 방법을
학습하고 영양제를 사들이고 온도와 습도를 조절하는
등 한층 정성을 들이는 모습이 화제가 되기도 했다.

　요즘 유행하는 소품숍에서는 작고 귀엽지만 그다지
쓸모는 없는 것들을 팔곤 하는데, 이런 아기자기한 가게
들에서 맨돌맨돌 촉감이 매끄럽고 자그마한 조약돌을
'반려돌'이라는 이름으로 판매하거나 사은품으로 주는
모습도 눈에 띈다. 음성으로 지시하면 날씨를 알려주거
나 음악을 틀어주는 건 물론 간단한 문답도 가능한 AI
스피커가 보급되자 이것이 마치 사람과 소통하는 존재
로 여겨지면서 약간의 농담을 섞어서 '반려 가전'이라
는 말도 나왔다. AI 기술로 한층 똑똑해진 로봇청소기
도 반려 가전의 대표다. 묵묵히 홀로 집 안을 뿔뿔거리
고 돌아다니며 먼지를 빨아들이고 걸레질을 해준 뒤
스스로 제자리에 돌아가서 충전까지 혼자 하는 로봇청
소기가 급기야 사랑스럽게 여겨진다는 것이다. 소중하
게 여기고 신경 써서 관리하는 자동차도 '반려 자동차'

라는 이름을 얻는가 하면, 장기투자하는 주식을 애정을 갖고 관리한다는 의미로 '반려 주식'이라는 표현도 나타났다. 약간의 농담이 섞인 표현들이긴 하지만, 대체로 오래 애정을 갖고 정성을 들여 가꾸거나 돌보면서 함께하는 행위를 수반하는 관계들이 모두 '반려'라는 단어로 수렴하고 있는 셈이다.

'반려'라는 관계 혹은 그 의미가 사람들의 삶 속에서 한층 중요해지면서, 사람들이 하는 말속에서도 '반려'라는 단어의 언급량이 급격히 증가하기 시작했다.

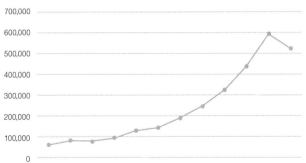

● '반려' 언급량 연도별 추이(블로그, 커뮤니티, 뉴스)

출처: 대홍기획 소셜빅데이터분석플랫폼 디빅스

2013년부터 연도별 언급량 추이를 그려보면 10여 년 만에 '반려' 언급량은 거의 여섯 배 이상 뛰었다. 그래프의 기울기를 보면 특히 2021년부터 2022년 사이에 '반려'의 언급량 증가 추세가 특히 가팔랐다. 이때가 언제인가 하면 아니나 다를까, 현재 동시대를 살고 있는 사람들의 삶에서 공통된 특이점이었던 팬데믹 시기다.

코로나19가 창궐했던 시기, 강제로 경험한 고립과 단절은 사람들이 갖고 있던 관계의 양상을 크게 변화시켰다. 팬데믹 기간 비자발적 관계 단절의 경험은 지속할 관계와 불필요한 관계를 구분하게 되는 계기가 됐고, 무엇보다 크게 변화된 관계를 보여주는 단적인 사례 중 하나는 바로 명절 풍경이다. 영영 계속될 것 같던 명절 귀성, 명절에만 1년에 한두 번 만나 영혼 없이 근황을 묻는 친인척과의 모임이 타의로 제한되었을 때, 사람들은 느끼게 됐다. 다들 모이지 않아도 생각보다 괜찮다는 걸. 혈연으로 연결된 집단이지만 어쩌면 같은 관심사를 공유하는 온라인 친구보다도 서로를 잘 모르는 것이 친족들이다.

게다가 코로나19에 감염되면 홀로 격리되어야 했다. 그 누구도 이걸 나 대신 감당해주거나 해결해줄 수는 없다. 결국 나밖에 없다. 한집에 사는 직계가족 한두 명 이외에는, 아니 그런 직계가족과도 함께할 수 없는 영역이다. 나 자신은 내가 챙겨야 한다. 이런 상황이 이전부터 진행돼오던 개인화의 흐름을 한층 촉진시켰다. 점진적으로 진행되던 개인주의로의 이행이 급물살을 탔고, 실질적인 가족의 범위를 순식간에 축소시켰다. 다시 말해 관계의 중심이 혈연이나 연고 등 나를 둘러싼 집단이 아니라 '나'로 급격히 이동한 것이다. 모든 생각이 나 중심으로 돌아간다는 건 이제 같은 집단에 속했다는 이유로 억지로 마음 맞춰가며 관계를 맺을 필요 없고, 나와 마음이 맞는 사람들과 관계를 맺는 것이 중요해졌다는 의미다.

이런 관계의 변화가 오히려 '반려'의 관계를 원하고 그 대상을 크게 확대하는 계기가 되었다. **사람들은 팬데믹으로 인해 인간과의 관계가 강제로 제거되거나 혹은 스스로 덜어낸 자리에 '반려'의 대상을 추가했다.** 고립과 단절에서 오는 외로움이

나 관계의 부재를 메꾸기 위해서 말이다.

여기서 중요한 건 '반려'라는 이름을 가진 관계들은 나에게 불편한 질문을 던진다거나, 나와 다른 주장을 펼친다거나, 내가 원하지 않는 뭔가를 하도록 강요하는 관계가 아니라는 점이다. 나의 모친은 반려견이 사랑스러운 이유를 간명하게 요약한 적이 있다. "말을 안 해서 귀엽다." 확실히 그렇다. 친족들이 흔히 그렇듯이, 가까운 사람은 오히려 나에게 비판을 가할 수 있지만 반려동물은 절대로 그러지 않을 것이다.

요즘 Z세대들이 '귀여워서 사는' 키링이나 이어폰 케이스, 휴대폰 케이스도 그렇고, 랜선을 통해 만나는 릴스나 숏츠 속 동물들은 물론이고 나 없는 사이 청소하고 스스로 충전하러 들어가 버리는 반려 로봇청소기도 마찬가지다. 나를 중심으로, 스위치를 켜고 끄듯이 편리한 관계, 애정을 쏟고 위로를 얻을 수는 있지만 나에게 싫은 소리 하지 않는 통제 가능한 관계, **한마디로 '반려'라는 관계는 내가 원해서 맺는 관계이고, 거절당하지 않는 편리한 애착 관계다.** '반려'의 대상에 대한 귀엽다는 감정은 나

를 거절할 수 없는 대상이어서 생겨난다. **귀여움은 권력관**
계를 전제로 하며 위에 있는 자가 아래를 향해 갖는 감정이다. 우
리 집 반려동물을 애지중지하며 키우고 심지어 고양이
를 키우는 사람들은 스스로를 낮춰 집사라고 말하지
만, 냉정하게 말하자면 결국 내가 원해야만 유지되는
관계일 뿐이다. 친족을 포함해 사람들 간의 관계가 느
슨해지면서 반려라는 관계가 확장되는 건 우리 사회의
개인 지향이 한층 강해졌다는 방증이다.

　　반려 이야기를 하다 보니 생각나는 것이 있다. 아주
오래 전에 봤던 반려견에 관한 미국 광고인데, 광고를
집행한 주체는 전혀 생각나지 않지만 그 내용이 인상적
이어서 잊혀지지 않는 광고였다. 어떤 중년 남자가 퇴근
후 집에 돌아오자 반려견은 주인이라고 반쯤 미친 것처
럼 반기고 좋아한다. 그런데 그 남자가 갑자기 수트를
벗고 여장을 하기 시작한다. 그렇지만 그 모습을 보고
도 반려견은 아무 상관없이 꼬리를 흔들고 애교를 피운
다. 인간의 관습 속에서 그의 변신은 뜨악할 만한 것일
수 있지만 반려견에게는 변함없이 주인일 뿐이다. 마지

막에 이런 카피가 뜬다. "당신의 개는 당신이 어떤 모습이든 당신을 사랑한다"라고.

그 광고를 떠올릴 때면 2001년에 데려와 2016년에 무지개 다리를 건널 때까지 함께했던 나의 시추종 반려견 '사자'와 그리고 2020년에 데려온 우리 집 막내, 꼬통 드 툴레아종 '토토'의 모습이 겹쳐 보인다. 제 눈곱조차 스스로 뗄 줄 모르고 귓속에 더러움이 있어도 뒷발로 벅벅 긁는 것 말고는 할 수 있는 게 없어서 매일 붙잡아다가 닦아주고 빗겨줘야 하는 무력하고도 하찮은 녀석들, 하지만 내가 뭘 하든 그저 한결같이 반기고 의지해주는 녀석들, 거절하지 않는 귀여움은 이토록 사랑스럽다.

'먼작귀(치이카와)': 하찮아서 사랑스러운 것들

이제는 모르는 사람이 많지 않겠지만, 모르는 사람 귀에는 언뜻 신종 괴담에 나오는 귀신인가 싶기도 할 것 같다. '먼작귀'는 '먼가 작고 귀여운 것들'의 준말로, 일본 만화가 나가노의 인기 캐릭터이자 만화의 제목이다. 원제는 '何か小さくてかわいいやつ(난카 치이사쿠떼 카와이 야츠)', 한국어로 번역하면 '먼(뭔)가 작고 귀여운 녀석들', 한글 번역 그대로 첫 글자들을 따서 '먼작귀'다.

일본에서는 줄여서 '치이카와(ちいかわ)'라고 한다. '작다'는 뜻의 '치이사이(ちいさい)'와 '귀엽다'로 흔히 번역되는 '카와이(かわいい)'가 합쳐진 말로, 저 긴 원제의 핵심을 따서 줄인 것이기도 하고, 이 만화 속에 등장하

는 말 그대로 '작고 귀여운' 캐릭터 중 하나의 이름이기도 하며, 그의 친구들까지 포함한 캐릭터들을 통칭하는 말이기도 하다. 만화 속에서는 '치이카와'(한국명도 '치이카와') '하치와레'(한국명은 '가르마')와 '우사기'(한국명은 '토끼')까지 이 세 마리가 메인 캐릭터다.

　먼작귀는 팬데믹 시기에 상승세를 타기 시작해서 최근까지도 일본에서는 물론 한국, 중국에서도 최고의 인기를 구가하고 있다. 2022년엔 일본 캐릭터 대상을 받았고, 비즈니스 잡지《닛케이 트렌드》가 발표한 '2022 히트 상품 베스트 30'에서 2위를 차지했다. 일본 Z세대

ⓒ 치이카와 공식 X(구 트위터) 계정

트렌드를 연구하는 Z총연은 반기마다 총 여섯 개[20] 분야별로 트렌드 랭킹을 발표하는데, 2023년 상반기 유행한 물건·사람(コト·モノ) 분야에서 치이카와가 1위에 올랐다. 2023년 하반기에는 5위, 2024년 상반기에는 8위로 여전히 순위권 밖을 벗어나지 않은 상황이다. 우리나라에서도 2023년 『트렌드 코리아』가 꼽은 히트 상품에 이름을 올렸고, 중국에서도 여전히 인기리에 굿즈 등이 판매되고 있다.

먼작귀는 그림에서 보이는 대로 동그랗고, 통통하고, 허술하다. 입은 웃고 있고 눈매는 선하다. 풀밭에 누워 있는 모양이 평화롭고 한가롭다. 좋으면 웃고 울고 싶으면 운다. 재거나 따지거나 꼬인 구석이라고는 없다. 심지어 주인공 격인 치이카와는 말을 할 줄 몰라서 의성어나 감탄사로 반응할 뿐이다. 하지만 짧은 콘텐츠를 하나하나 보다 보면 은근히 처절한 현실의 메타포가 녹아 있어서 마냥 한갓진 얘기만은 아니구나 싶다.

2017년에 작가 나가노가 X(구 트위터)에 끄적거린 최초의 메모에는 먼작귀의 세계관과 캐릭터들의 성격이

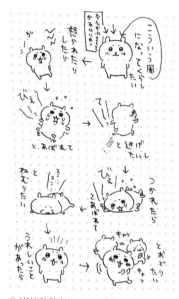

© 치이카와 작가 X(구 트위터) 계정

응축돼 있다. '이런 식으로 살고 싶다'라는 말로 시작하는 메모 속 그림을 순서대로 따라가다 보면 혼나면 빼액 떼를 쓰다 도망가 버리고, 졸리면 그대로 새근새근 잠들어 버리는가 하면, 기쁜 일이 생기면 또 캬캬 하면서 웃고 춤을 춘다. 한마디로 앞뒤 재지 않고 그저 느끼는 대로, 하고 싶은 대로 하면서 살아가는 캐릭터다.

왠지 익숙한 세계관 아닌가? 10여 년 전에 유행했던 "아무것도 안 하고 싶다. 이미 아무것도 안 하고 있지만 더 격렬하고 적극적으로 아무것도 안 하고 싶다"라는 짤도 떠오르고, 비슷한 시기 '지나치게 애쓰지 않는 태도'가 그리 나쁘지 않다는 인식이 퍼지기 시작한 것도 스멀스멀 생각이 난다. '억지로 하지 않고 애쓰지 않고 그냥 할 만큼만' 하면서 살아가는 것을 지향하는 작은 바람이 불었었고 그런 류의 제목을 달고 있는 에세이도 많이 나왔던 것 같다. 너무 아등바등하지 말고 편하게, 큰 고민 없이, 오늘 닥친 일만 해결하면서 큰 계획이나 야망 없이 소소한 즐거움을 추구하며 살아가는 태도가 좋다고, 그래도 괜찮다고 말해주는 담론들이 크게 유행했고 현재까지 이어지는 중이다. 어떤 면에서는 2022년 경 북미에서 틱톡을 타고 퍼졌던 '조용한 퇴직(Quiet Quitting)'과도 통하는 맥락이 있다.

먼작귀 콘텐츠의 분량과 형식에도 그런 세계관이 묻어 있다. 유튜브에서도 쉽게 찾아볼 수 있는 먼작귀 애니메이션의 에피소드들은 1편이 채 2분을 넘지 않는다. 일본 후지TV 아침 방송인 〈메자마시TV(めざましテレビ)〉에서는 매주 화·금요일에 치이카와의 새로운 에피소드를 송출하는데, 그게 벌써 3년이 다 돼간다. 단행본이 계속 출간되고 있고 영상 또한 이미 수십, 수백 편

이 나왔지만 중간에 아무거나 먼저 본들 별로 지장은 없다. 각 캐릭터가 갖고 있는 성격, 성향은 대략 정해져 있지만 매 에피소드는 독립적이며 연속된 스토리가 아니어서다. 그냥 별생각 하지 않고 짚이는 대로 봐도 된다. 그래도 괜찮다.

하지만 먼작귀의 인기 요인은 따로 있다. 허술한 듯하면서 귀여운 그림체, 무해하고 평화로운 스토리, 중간에 봐도 아무 상관없는 콘텐츠지만, 그 속에 의외의 어두운 일면이 숨어 있는 덕분이라는 분석이 많다. 단행본 1권의 소개 문구를 보면 가장 간명하게 특징을 설명해주는 듯하다.

"먼가 작고 귀여운 녀석, 먼작귀들이 펼치는 즐겁고, 애잔하고, 살짝 거친 날들의 이야기"

즐거운 건 그렇다 치는데, '애잔하고, 살짝 거칠다'는 건 뭘까? 먼작귀들은 밝은 풀밭에서 살아가며 서로 아끼고 사소한 것에 기뻐할 줄 아는 녀석들이지만, 먹고 산다는 게 마냥 녹록하지만은 않다. 애니메이션 속이지 만 거저 주어지는 것이 없는 건 현실 세계와 다르지 않은 세상이기에 갖고 싶은 게 있으면 풀뽑기나 몬스터 토벌 등 노동을 해서 돈을 모아야 한다. 먹고살기 위해 일을 하고 더 많이 갖기 위해서는 당연히 더 많이 일을 해야 하는 자본주의의 고단함이 작고 귀여운 먼작귀들의 세상에도 존재한다. '애잔하고, 살짝 거칠다'는 건 그런 고단함이 배어 있다는 뜻이다.

그러나 먼작귀들은 대단한 야망을 갖고 있지도 않지만 특별히 좌절하지도 않는다. 맛있는 걸 나눠 먹으며 기뻐하고 서로의 좋은 점을 먼저 본다. 꼬인 데 없이, 악의도 없이 상대나 상황을 있는 그대로 받아들인다. 식탁에서 친구의 물을 먼저 따라주는 걸 잊지 않고 친구 음식을 말없이 먹을지언정 친구 입에도 일단 넣어준다. 조금 더 당돌하거나 소심하거나 하는 식으로 캐릭터별 성격의 차이는 있을지언정 조연 캐릭터까지 포함해 어느 누구도 악하지 않고 어떤 첨예한 갈등도 없다. **먼작귀는 그야말로 '무해함'의 표본과도 같은 콘텐츠다.**

먼작귀가 처음 발표되고 인기를 얻어온 흐름을 되짚어보면 '지나치게 애쓰지 않고 할 수 있는 만큼만 해도 괜찮다', '있는 그대로 괜찮다'는 류의 생각들이 크게 공감을 얻기 시작한 시기, 번아웃이 올 정도로 애를 써도 이전 세대가 인생의 어느 시점이 되면 자연히 도달할 수 있었던 수준에 닿을 수 없다는 사실에 젊은 세대가 눈을 뜨기 시작한 시기와 미묘하게 겹친다. 어차피 크게 달라질 것 없다면 굳이 애를 쓰고 혹사할 이유가 무엇일까? **마음이 힘들지 않도록 하고 싶은 걸 하되 서로 배려하고 매사에 그저 순수하게 받아들이며 단순하게 살고 싶은 마음. 먼작귀는 그런 깨달음, 태도 자체가 의인화되어 캐릭터가 된 듯한 콘텐츠다.** 비슷한 맥락으로 높은 인기를 구가하며 컬래버를 갈구하는 브랜드들로부터 끊임없는 러브콜을 받고 있는 최고심이나 망그러진 곰 역시 먼작귀와 그 맥을 같이하는 캐릭터들이다.

먼작귀가 건드리는 건 '현대인의 애환'이라는 보편적 공감대다. 어떤 일에든 그 일을 잘 아는 사람 혹은 겪어본 사람만이 깊이 공감하는 애환이 존재한다. 애환의 묘사는 디테일할수록 좋다. 아는 사람들끼리만 서로 마주 보며 빙그레 웃을 수 있을 거니까. '나도 그래'라는 공감, '역시 나만 그런 게 아니었어'라는 깊은 안도감, 거기에 **자신의 약한 부분 혹은 속으로만 간직하던 생각들을 솔직하게 드러내고, 회사나 사회에서 상대적 약자로 경험하게 되는 말 못할 고충들을 유쾌하게 꼬집어줄 때의 후련함. 콘텐츠나 캐릭터의 힘을 빌려 메시지를 발신하거나 공유하거나 유머로 승화하면서 고용된 자, 약한 자, 하찮은 자들끼리의 공감대, 연대감, 동류의식이 발생한다.** 그리고 "그래도 괜찮다"라고 말해준다. 먼작귀의 귀여움은 애환을 소재로 삼아 디테일에서 공감을 얻고 위로를 전달함으로써 완성된다. 그렇게 해서 우리 모두는 하찮아서 사랑스럽고 귀여운 존재가 된다.

〈회사가기시러쏭〉에서 '무무씨'까지: 애쓰는 약자에 대한 공감대

아주 오래 전, 아직 싸이월드가 존재하던 시절에 인기를 얻었던 캐릭터 '감자도리'가 있었다. 정작 이 캐릭터의 이름은 낯설지도 모르겠지만 갓 시작된 인터넷 시대 초기의 유행이었던 〈회사가기시러쏭〉은 기억하는 사람들이 많을 것이다.

물론 이것을 기억한다면 당신은 최소한 1985년 이전에 태어났을 가능성이 높다. 확실친 않지만 지금 여기저기 찾아보니 처음 나왔던 건 대략 2006년경인 듯하다. 인터넷은 보편화되었으나 개인이 영상 콘텐츠를 만들거나 업로드하는 게 쉽지 않았던 시절이다. 영상 하나를 보려면 코덱이라든가 뭔가 설치할 것도 많았고

화질도 그다지 좋지 않았다. 그래서 당시엔 '플래시(flash) 애니메이션'이라는 형식이 많이 활용되었는데, 〈회사가기시러쏭〉 역시 플래시 형태로 나왔던

© 벅스뮤직 〈회사가기시러쏭〉 가사 페이지

걸로 기억한다. 많은 직장인들에게 공감을 얻은 이 노래는 두터운 팬덤을 가진 성우 이용신이 불렀다. 내용과 달리 밝고 경쾌한 음률이 특징이었다. 그럼 가사를 찬찬히 음미해보자.

회사가기 시러(시러시러) 회사가기 시러(어 시러)
회사가기 시러 회사회사 가기 시러라
백수때는 몰랐었지(뭐 안되겠니)
모든것이 부럽기만 했었지(아 부러워)
나를 알아주지 못하는 사회 원망하며 잠든날도 많았지
누군가는 눈물나게 가고 싶은 회사란걸(맨날 가고파)
올챙이 시절을 까맣게 잊어버렸던거야 근데 이젠
회사가기 시러(시러시러) 회사가기 시러(어우 시러)

회사가기 시러 회사회사 가기 시러라

짜증맨 부장님의 호통소리(야야야!)

비수처럼 때리곤 뒤끝 없다(에구)

혼자만 뒤끝 없는 사람들이

세상에서 제일 무서 워우워우워

잡일로 하루종일 시달리고 / 딴지 태클 내꿈은 멀어지고

출근 전쟁에다 퇴근 눈치 / 항상 고민되는 것 점심메뉴

회사가기 시러(시러시러) 회사가기 시러(어 시러)

회사가기 시러(싫다구) 회사회사 가기 시러라(싫다니깐)

회사회사가기 시러라(어우 싫어)

　

　

이미 20여 년 전에 나왔던 〈회사가기시러쏭〉의 가사를 살펴보면 직장인의 애환은 그때나 지금이나 크게 변한 것이 없다. 가사에 드러나는 것처럼 이때도 이미 취업난이 존재했다. 그러나 직장인이 되고 싶어 몸부림쳤던 시절과 달리, 막상 되고 난 후의 힘듦과 권태로움은 어쩔 수 없다. 쉽지 않은 상사와의 관계, 말에 상처받고 잡일에 시달리고 그러면서 어릴 적 꿈꿨던 멋진 모습은 점점 더 멀어져만 가는 것 같은 절망감, 그래도 매일 고

민이 되는 건 점심 메뉴…. 역시 '눈물은 아래로 떨어져
도 밥숟가락은 위로 올라가는 법'이다. 슬프고 애잔한
현실이 담긴 노랫말이건만 솔직한 번민을 드러내는 가
사가 왠지 귀엽게 느껴진다. Z세대 설문을 분석한 결과
에서 이미 나왔듯이, **귀여움이란 가식 없이 솔직하게 약한 부
분을 드러내는 것에서 발현되는 감정이기도 하다.**

2022~2023년경 화제가 되었던 GS리테일 〈갓생기
획〉의 세계관도 비슷한 연장선상에 있다. 2021년에 시
작된 GS리테일의 〈갓생기획〉은 MZ세대를 겨냥한 혁신
적인 상품 개발 프로젝트로, MZ세대 직원들의 주도적
인 참여를 통해 같은 세대의 고객들과 공감하고 소통
할 수 있는 상품과 서비스를 기획하며 큰 성공을 거두
었다.

'갓생'이라는 단어는 '갓(God)'과 '생(生)'의 합성어
로, 팬데믹 당시 나갈 수도, 만날 수도 없는 고립과 격
리의 시기에 알차게 시간을 보내려는 생각에서 시작된
'미라클 모닝'을 기원으로 한다. 시간을 허투루 보내지
않고 시간관리와 자기관리, 자기계발에 매진하며 하루

© GS리테일

하루를 열심히 살아가는 MZ세대의 삶을 상징적으로 대변하는 신조어다.

〈갓생기획〉세계관의 중심에는 '김네넵 대리'와 그의 반려동물인 티베트 여우 '무무씨'가 있다. 김네넵은 MZ세대 직장인을 대변하는 가상의 페르소나로, 늘 상사의 지시에 영혼 없이 '네넵'이라고 대답하는 직장인들의 모습을 투영한다. 시즌 1에서는 열정에 찬 INFP 신입사원이었던 김네넵이 시즌 2에서는 매너리즘에 빠진 김네넵 대리로 변화하면서 또래 직장인들이 경험하는 감정의 변화를 반영해 공감과 웃음을 자아낸다. 김네넵의 얼굴과 성별은 특정되지 않아, 누구든 자신의 모습을 투영할 수 있도록 의도적으로 설계되었다고 한다.

무무씨는 김네넵의 반려동물이자 그 감정을 대신

표현하는 존재다. 한때 심드렁하고 달관한 듯한 표정으로 유명했던 티베트 여우 '짤'을 모티프로 한 이 캐릭터는, 단순한 반려동물이 아니라, 심드렁한 표정과 섬세한 눈동자 움직임으로 직장인들이 표현하기 어려운 미묘한 내면의 감정과 현실 도피 욕구를 대변한다.

© GS리테일

2022년 성수동에서 열렸던 팝업스토어 '갓생기획실'은 캐릭터로만 존재했던 가상의 직장인 '김네넵'의 일상 공간을 실제와 같이 재현해서 방문객들이 그의 일상에 몰입할 수 있는 경험을 제공했다. 김네넵 대리가 하루의 대부분을 보내는 사무실과 탕비실, 퇴근길 상점, 개인방의 네 개 구역으로 나눠 GS25의 기획상품들을 어색하지 않게 녹이는 것은 물론, 갓생을 살고자 하는 김네넵 대리가 주식투자 공부를 하고 있는 흔적이라든가 그가 좋아하는 취미인 LP 판 등을 배치해 현실 또래 직장인 고객들의 몰입을 유도했다.

이 캐릭터들이 MZ세대 직장인들에게 특별한 이유는 그들의 성장과 유머, 그리고 위로가 공존해서다. 김네넵과 무무씨가 만들어내는 공감의 바탕에는 철저한 현실 고증이 있다. 김네넵의 스토리와 캐릭터는 실제 갓생기획팀 직원들의 경험과 대화를 바탕으로 스토리가 구성되어 현실감과 몰입감을 더한다. 3년 차 직장인으로 설정된 김네넵은 직장에서는 상대적 약자이며 회사의 어떤 지시에 대해서든 '네넵'이라고 대답할 수밖에 없다. 처음엔 열정이 뻗쳤지만 점차 조직 생활에 익숙해지고 단지 지시를 따르는 입장에 있다 보니 표정은 사라지고 영혼이 자꾸 도망을 간다. 탕비실에서의 휴식과 퇴근길 편의점의 즐거움도 있지만 귀가 후 돌아온 방에는 언젠가 실현하고 싶은 버킷리스트가 붙어 있고, 퇴근은 했지만 성장해야 한다는 일종의 강박 혹은 목표 때문에 자기계발이나 주식투자 공부를 하면서 갓생을 꿈꾼다.

맞아맞아, 나 이런 거 뭔지 알아, 너무 귀엽다! **현실 고증이 디테일할수록, 또한 그것이 정말 사소한 것일수록 역으로 타깃들이 느끼는 공감과 재미는 커진다.** 먼작귀의 인기 요인이 단지 귀여움만이 아닌 것도, 20여 년 전 〈회사가기시러쏭〉이 인기를 얻었던 것도 여기서 하나의 맥락으로 통한다. 2022년 말 유튜브에서 가장 많이 본 인기 동영상으로 발표된 에버랜드 '소울리스좌'가 '주어진 일은 열심히 하지만 영혼은 떠나간' K-직장인의 초상으로 크게 공감을 얻은 것도 같은 맥락이다.

상대적으로 작고 약하거나 권력이 없는 존재, 시지프스가 끊임없이 돌을 굴리는 것과도 같은 일상을 반복하면서도 매일 조금 더 성장하고 조금 더 행복하고자 애를 쓰는 존재들, 한국인의 귀여움 관념은 애쓰는 약자에 대한 연민, 애쓰는 약자끼리의 공감에서 발생하는 감정을 포괄하게 되었다.

4장

귀여움의 뜻

귀여움의 언어, 의미, 연원 그리고 문화

귀여움은
변한다

흔히 '귀여움'은 작고 오동통하고 입을 오물거리며 옹알이를 하는 아기, 강아지나 고양이의 보드라운 털과 앙증맞은 생김새 혹은 그들이 가진 순수한 본성에서 비롯되는 걸로 여겨지곤 한다. 그러나 개, 고양이, 아기가 귀여움의 원천이 되는 요소를 갖고 있다면 전 인류는 이들에게서 예외 없이 귀엽다는 감성을 느껴야 할 것이나, 그렇지는 않다. 어떤 사람들은 개와 고양이에게 열광하고 심지어 SNS를 통해 남의 강아지나 고양이의 모습에 탐닉하지만 또 다른 부류는 전혀 감흥을 느끼지 못하거나 오히려 혐오를 느끼기도 한다. 아기에 대해서도 마찬가지다. 푸바오에게도 그렇듯이 말이다.

다시 말하지만 귀여움은 단순히 작고 동그란 생김새나 보드라운 털이 '자동으로' 환기하는 감정이 아니다. 귀여움은 반드시 특정 대상, 때로는 특정 상황에 대해 발생하는 감정이기 때문에 대상 자체가 귀여움의 특성을 가진 걸로 이해되기 쉽다. 하지만 가만히 생각해보면 **사실 대상이 무엇이 되었건 '귀여움'은 대상의 특성이 아니라, 그걸 보는 사람의 마음에 일어난 감정이나 정서다.** 다시 말해 귀여움을 느끼는 건 보는 사람의 마음에 달려 있다는 얘기다.

그래서 귀여움은 매우 개인적이고 개별적이다. 각자의 관계, 취향, 선호에 따라 귀여움을 느끼는 대상은 다르다. 누구는 병아리가 귀엽다고 하고 누군가는 사슴벌레가 귀엽다고 할 수도 있다. 그러니까 누구나 귀여움의 감성을 느끼겠지만 '무엇을 귀엽다고 느끼는가?'라는 질문에 대해서는 정답이 없다.

결국 귀여움을 파고들기 위해서는 먼저 언어의 의미를 세밀하게 살펴볼 수밖에 없다. 사실 감정의 영역만큼 불분명하고 명확히 정의할 수 없는 것도 없어서다.

물론 같은 말로 정의하는 감성이라 해도 내가 남이 되어보지 않는 다음에야 내 마음과 남의 마음이 정말 같은 것인지, 혹시 정도가 다른 것은 아닌지 언제까지나 알 길은 없다. 하물며 언어나 문화권이 다르다면 두말할 필요도 없는 일이다. 어떤 어휘의 뉘앙스나 감성에 대해서 하나의 문화권 내에 있는 사람들은 대체로 비슷한 의미와 느낌을 공유하지만, 반대의 경우는 그렇지 않다.

예를 들어 **한국인이 말하는 '귀엽다'와 일본인이 말하는 '카와이'는 마치 일대일로 대응되는 것처럼 번역하거나 사용하지만 사실은 뉘앙스나 의미, 사용 범위 등을 파고들어 본다면 완전히 일치한다고 보기는 어렵다. 특히 서구 언어와의 차이는 더욱 두드러진다.** 단적으로 영어의 'cute'는 처음에는 'acute'의 축약형으로, '영리하다', '날카롭다'는 의미로 쓰였으나, 시간이 지나며 외모나 매력적인 요소를 강조하는 방향으로 변화했다. 주로 재빠르고 영리한 사람에게 사용하던 표현에서 단어가 축약되고 발음이 변하면서 18세기 후반에는 영리하고 매력적이며 사랑스러운 것을 가리키는

'cute'가 되었다고 한다. 어원만 봐도 한국인이 떠올리는 '귀엽다'의 이미지와는 전혀 다르다. 동양권인 한국의 '귀엽다'와 일본의 '카와이'는 날카롭기보다는 동글동글하고 부드러우며 모나지 않은 느낌, 영리하다기보다는 오히려 순하고 무지한 쪽에 가까운 이미지를 공유하고 있다. 반면에 영어의 'cute'는 마치 서로 대체와 치환이 가능한 것처럼 사용하고 있지만 어원을 파고들며 거슬러 올라가 보면 완전히 딴판인 셈이다.

한편 시간이 흐름에 따라 언어의 의미가 확장 혹은 축소되거나 아예 달라지기도 하듯이, '귀여움' 역시 최근 몇 년간 사용 빈도와 범위는 물론 언어생활 속에서 존재감이 커지는 가운데 뉘앙스나 의미가 변화하는 과정을 거쳐왔다. 예를 들어 '어여쁘다(어엿브다)'는 중세 국어에선 '불쌍하다, 가련하다'라는 의미였지만 지금은 '예쁘다'의 약간 예스러운 표현으로 여겨진다. 변화의 과정에서 불쌍하고 가엾다는 뉘앙스는 사라졌다. 유사한 의미인 '귀엽다'에도 그런 과정이 남아 있을까?

1940년부터 2010년대까지 신문에서 '귀엽다'는 말의 의미가 어떻게 변했는지 시기별로 살펴본 연구에서도 '귀엽다'는 말의 사용 대상이나 뉘앙스에 변화가 있었다는 점이 나타난다.[21] '귀엽다'가 수식한 대상 명사는 아이에서 성인으로, 그다음엔 노인까지 확대되었다. 또 하나 흥미로운 포인트는 '귀엽다'와 함께 사용되는 용언을 살펴본 부분이었는데, 1980년대 이후엔 '사랑스럽다, 깜찍하다, 발랄하다'의 빈도가 높아지더니 2000년대 이후엔 '섹시하다'와 결합 빈도가 높아진 걸로 나타났다. '귀엽다'가 성인의 행동 특성을 포괄하는 방향으로 의미가 확장되었다는 의미다.

　내 기억에 의존해 현대에 와서 '귀엽다'는 말이 어떻게 쓰였는지 돌이켜보면 1990년대 말에서 2000년대 초까지만 해도 '귀엽다'는 표현은 '예쁘다'의 하위 호환처럼 쓰였다. '귀엽다'는 표현은 다소 미묘함이 있어서 모든 상황이나 대상에게 통용되는 칭찬은 아니었다. 아기라든가 작은 동물이라든가 마땅히 귀엽다는 얘기를 들을 수 있는 '자격을 갖추지 않은' 대상을 향한 '귀엽다'는 표현은 '예쁘다'고 하기엔 뭣할 때 무난한 평가의 말로 사용되었다. 혹은 애매할 때 하는 나쁘지 않은 칭찬으로 활용되는 경우도 많았다. 지금도 비슷한 느낌이 남아 있지만 차이가 있다면 요즘은 귀엽다는 말이 최상급 칭찬으로 여겨지기도 한다는 점 정도일 것이다. 역시 시간이 지나면서 귀엽다는 표현의 위상과 뉘앙스가 달라진 덕분이다.

'귀엽다'의 어원에 대한 설(說)들

귀여움에 관심을 갖기 시작하면 '귀엽다'는 말이 대체 언제부터 쓰였는지, 그 의미가 어떻게 변해왔는지 궁금해진다. 그런데 그 실마리가 딱 부러지게 잘 잡히지 않았다. 한자어도 아니고 순우리말인 것 같기는 한데, 어디로부터 파생되었는지 연상되거나 연결돼 보이는 단어도 잘 보이지 않는다.

국립국어원 웹사이트를 뒤지던 끝에 '온라인가나다' 코너에서 관련된 내용을 발견하기는 했다. 이미 같은 의문을 가진 사람이 질문한 기록이 남아 있었다. 답변 내용은 **'귀엽다'의 어간은 '귀엽-'이고 어미는 '-다'이며, '귀엽다'가 기본형이라는 것, 그리고 '귀엽다, 귀여움'은 이들 단어가 순우**

리말이라는 점만 파악할 수 있고 정확한 어원은 규명된 바가 없다는 것이었다. 인터넷에 돌아다니는 가설 중 하나로 '귀할 귀(貴)'와 '가엽다', '노엽다' 등에 쓰인 '-엽다'의 합성어라는 얘기가 있지만, 국립국어원의 설명에 비춰보면 이 가설은 사실이 아닌 셈이다.

세종대왕이 한글을 만들고 반포한 이후에는 사람들이 쓰는 입말을 소리나는 대로 기록한 언문 기록들이 많이 남아 있을 텐데 그럼에도 중세 문헌에서 '귀엽다' 혹은 '귀여움', '귀염' 등의 표현이 사용된 사례는 딱히 발견되지 않은 모양이다. 혹은 있더라도 아직 관련 연구가 나와 있지 않은 건지도 모르겠다. 다만 '귀엽다'는 말이 오늘날 우리에게 매우 친숙한 감정을 표현하는 단어인데도 어원이나 유래는 밝혀진 바가 없을뿐더러 세계적으로 귀여움의 감성에 대한 연구가 넘치는 데 비해 우리나라에서는 아직 관련된 연구가 많지 않다는 건 의외이기도 하고 아쉽기도 하다.

신뢰할 만한 문헌 자료에서는 '귀엽다'의 유래를 찾아볼 수 없어 웹 상에 돌아다니는 정보들을 좀 더 확인해보았다. 인터넷에서 찾아볼 수 있는 '귀엽다'의 어원에 대한 가설은 몇 가지 더 있다.

첫 번째 가설은 '귀엽다'가 '가엾다'에서 유래했다는 설이다. 아닌 게 아니라 첫소리의 음운도 비슷하고 '-엽(없)다'로 끝나는 것도 비슷하다. 게다가 비슷한 의미를 가진 단어가 이러한 가설의 내용과 유사한 의미 변천 과정을 거친 사례도 있다. 앞서 언급한 '어엿브다'에서 '어여쁘다(예쁘다, 아름답다)'로의 변화가 그것이다. "나랏말싸미 듕귁에 달아…"로 시작하는 『훈민정음 해례본』 서문 중간 즈음에는 "내 이랄 위하야 어엿비 너겨 새로 스믈여듧자랄 맹가노니(내 이를 위하여 어여삐 여겨 새로 스물여덟 자를 만드노니)"라는 구절이 나온다. 여기서 '어엿브다'는 '어여쁘다'의 옛말로 중세 국어에서 '불쌍하다, 가련하다'의 의미로 쓰였는데 근대 이후로는 '아름답다, 사랑스럽다'의 의미로 쓰이다가 현대에는 '아름답다'의 의미만 남았다.

어쩌다가 불쌍하고 가련하다는 의미가 모양이나 행동이 보기에 좋고 사랑스럽고 예쁘다는 의미로 변했는지에 대해, 조현용의 『우리말 선물』(2016)에서는 "가엾게 여기면 예쁘게 보이는 법이니 의미 변화가 이해된다"고 적고 있다. **예쁜 것을 보면 보호하고 싶은 마음이 드는 것, 아기들을 보며 다칠까 봐, 아플까 봐, 넘어질까 봐 걱정하는 마음이 가여운 마음과 통한다는 것이다.** '예쁘다'의 의미가 그렇게 변해온 것이라면 '귀엽다' 역시 비슷한 맥락에서 생겨난 감정 표현일 수 있겠다 싶다.

하지만 근본적으로 '가엾다'라는 단어의 구조와 의미, 'ㅏ' 모음의 'ㅟ' 모음으로 변화 가능 여부 등을 고려하면 '가엾다'에서 '귀엽다'로의 변천 가설은 신빙성이 높지 않다. 그저 연약하고 보호해야 할 대상에 대한 연민, 동정, 애정을 표현하는 말이 시간이 지나면서 사랑스럽다는 의미를 담은 말로 변했다는 의미적·심리적 유사성에서 나온 가설일 뿐이다.

두 번째 가설은 '귀엽다'가 '귀없다'에서 파생되었다는 설이다. 우리말에서 '귀'라는 말은 물건의 모서리나 튀어나온 부분을 뜻하는데 '모난 곳이 없다'라는 의미에서 '귀없다'가 '귀엽다'로 변화했다는 가설이다. 사전에 보면 바

독판의 모서리를 '귀'라고 한다든지, 유사한 표제어로 '귀퉁이' 같은 말이 있으니 내용적으로만 보면 수긍이 간다. 보통 귀엽다는 느낌이 들게 하는 외양은 동글동글하고 통통하고 둥그스름한 모양이니 말이다. 옆이나 뒤에서 봤을 때 가만히 있는데도 볼록한 곡선을 그리는 아기 볼이라든지, 모나거나 각진 데 없는 곰돌이 인형이라든지 대체로 귀여운 것들은 그렇게 생겼다. 일본 '카와이' 감성 연구의 권위자 니토노 교수 역시 **둥글둥글한 것, 둥그스름한 디자인이 귀여움의 감성을 느끼게 한다**고 밝힌 바 있다. 그러나 '모난 곳(귀)이 없다'는 말이 '사랑스럽다'는 의미로 변용된다는 것은 비약이 큰 것으로 보인다.

　　세 번째 가설은 '귀엽다'가 '사랑하다'의 옛말인 '괴다'에서 유래했다는 설이다. 이 단어가 변형되어 '괴옵다(사랑스럽다)'가 되었다가, 결국 '귀엽다'로 변형되었다는 설명이다. '괴다'는 원래 '생각하다'라는 뜻이라고 하는데 대상을 끊임없이 생각하는 마음이 곧 사랑하는 것이라는 의미라 한다. 상사병(相思病)이라는 말에도 '생각 사(思)' 자가 들어 있으니 과연 의미가 통한다. 우리말 연구의 권위자인 고(故) 김수업 경상대 국어교육과 명예교수의 말씀에 따르면 '괴다'와 '귀여워하다'는 한 갈래이며 서로 높낮이가 다른 사람 사이에서 쓰는 것은 공통적인데, '괴다'는 서로 높낮이가 다른 사람끼리 마음을 주고받는 것인 반면, '귀여워하다'는 것은 손윗사람이 손아랫사람에게 내려주는 마음을 가리킨다는 점에서 차이가 있다고 한다.

귀여워하는 마음에는 군주와 백성, 부모와 자식, 스승과 제자 등 위아래가 있는 관계에서 아랫사람을 가련하고 사랑스럽게 여기며 돌봐주고픈 마음이 담겨 있다는 뜻으로, 이는 '내리사랑'이라는 말과 통한다. 물론 귀엽다는 말이 정확히 '괴다'에서 발전해온 것인지 여부는 확언할 수 없으나 높낮이가 있는 관계에서 위에서 아래로 내려주는 마음이라는 점만은 고개가 끄덕여진다.

다만 이는 모두 가설에 불과하며 깊이 연구된 바가 없어서 다수 학자가 지지하는 가설 같은 건 찾아보기 어렵다. 또한 현전하는 고대, 중세 국어 문헌에서는 '귀엽다'의 조상 격에 해당하는 동사나 형용사가 발견되지 않았기에, 현재로서는 어원을 확실하게 규명하기 어려운 상황이라는 설명에 비추어보면 **'귀엽다'는 말이 일상적으로 통용되는 말로 자리 잡은 것은 한국어의 역사 속에서 그리 오래지 않은 것으로 생각된다.**

'귀엽다'의
현대 이전 쓰임

　　현전하는 과거 문헌에서 흔적을 찾아보기 어렵다고
는 하나, 오랜 시간에 걸쳐 구전돼온 속담 중에는 '귀엽
다'는 표현이 쓰인 것들이 왕왕 있다. 예를 들면 이런 것
들이다.

　　내 땅 까마귀는 검어도 귀엽나.

　　병신 자식이 더 귀엽다.

　　아내가 귀여우면 처갓집 문설주도 귀엽다.

　　(=아내가 예쁘면 처갓집 말뚝에도 절한다.)

　　　　　　　　　　　　　　　　– 국립국어원 '우리말샘' 사전 중

한국민족문화대백과사전에 따르면 최초의 속담은 고려시대에 간행된 『삼국유사』에서부터 나타난다고 한다. 그렇다면 속담이란 최소한 중세 혹은 그 이전인 고대로부터 시작해 세월이 흐름에 따라 입에서 입으로 전해지며 차차 생겨난 말들일 테다. 위의 각 속담들이 언제 생겨났는지는 알 수 없으나 '귀엽다'는 표현이 속담에 사용된 사례가 있다는 건 눈여겨볼 만하다. 물론 원래 '귀엽다'는 단어를 꼭 사용하지 않았더라도 그런 의미가 담긴 표현으로 구전되다가 묶어내는 시점의 언어 습관, 편집자의 판단에 따라 '귀엽다'는 표현이 사용된 경우도 있을 것이다.

그런데 이 속담 사례들에서 '귀엽다'는 표현이 쓰인 맥락을 보면, **과거에 혹은 지금도 상하 관념이 존재하는 관계에서 쓰였다는 점을 알 수 있다.** 지위나 위계상 높낮이가 다른 사람이 서로 생각하는 마음을 의미한다는 고어 '괴다'로부터 '귀엽다'가 유래했다는 설, 특히 귀여워하는 마음이라는 건 상대적으로 높은 입장에 있는 이가 아랫사람을 생각하는 마음을 의미한다는 점과 통하는 셈이다.

그럼 문학작품에서는 어떨까? 현대 이전에 쓰인 작품에서 '귀엽다'는 표현이 어떻게 쓰이고 있는지 살펴보는 것도 '귀여움'의 감성이 어떻게 해석되고 표현됐는지 알아보기에 좋은 방법이다. 마침 국립국어원의 오픈 사전 '우리말샘'을 통해 광복 이전 일제강점기 소설 속에서 귀엽다는 표현이 쓰인 사례를 찾아볼 수 있었다. 우선 아래 문장들을 살펴보자.

이 말끝 악센트의 감칠맛이란 것은 경상도 여자의 쓰는 말 가운데에서도 가장 귀염성이 드는 말투였다.

－ 조명희, 『낙동강』(1927)

화초 모종을 심어 놓고는 날마다 귀엽게 들여다보았다.

－ 이기영, 『고향』(1933)

동혁은 아직도 애티가 남아 있어, 귀염성스러운 영신의 입모습을 보았다.

－ 심훈, 『상록수』(1935)

어렸을 때부터 손님 앞에서 인사성 있고 이야기를 잘 받는다고 귀염을 산 그였다.

－ 김남천, 『대하』(1939)

위 문장들 역시 '귀엽다'는 표현이 쓰인 대상에 초점을 두고 보면, 여성의 말씨, 화초 모종, 어린 여성, 아이로 나타난다. 앞의 속담에서 나타난 것처럼 손아랫사람이나 상대적으로 지위나 힘 등 어떤 면에서든 약한 쪽에 대해 **상대적으로 우위에 있는 쪽이 사랑스럽게 여기거나 돌봐주고 싶은 마음을 드러내는 표현**으로 쓰였다. 확실히 관념적으로 귀엽다는 말은 아래를 향한 마음이 담긴 표현이다.

형태에 초점을 두고 보면, '귀엽게'라는 용언의 활용 형태도 있으나 서술어 형태인 '귀엽다'보다는 명사형, 그것도 오늘날 보편적인 형태인 '귀여움'이 아니라 '귀염', '귀염성'과 같은 형태로 쓰인 점이 눈에 띈다. 우선 이 정도 예시 안에서 판단해보자면, 우리에게 익숙한 '귀여움'이라는 명사형은 아주 최근에 정착한 형태인 모양으로, 적어도 광복 이전까지는 '귀염'이라는 형태가 주로 쓰였던 듯하다. 이는 일제강점기와 해방, 한국전쟁 등 격동의 시기를 거치며 어렵게 편찬된 2종의 우리말 사전으로 증명되는 부분이다. 한글학회가 편찬한 『큰

사전』(1947~1957)[22]의 표제어에는 '귀염', '귀염성', '귀염
성스럽다', '귀엽다'는 있지만 '귀여움'은 없다. 다만 『수
정증보 조선어사전』(1940)[23]에는 명사형은 아예 없고 단
지 '귀엽다'만 형용사로서 등재돼 있다.

> 귀:엽다 – 남이 보기에 귀여워서 사랑할 만하다. (『큰사전』)
>
> 귀:엽다 – 사랑스럽다. 이쁘다. (『수정증보 조선어사전』)
>
> 귀:염 – 사랑하여 귀엽게 여기는 마음. (『큰사전』)
>
> 귀:염-성 – 귀염을 받을 만한 바탕. (『큰사전』)
>
> 귀:염성-스럽다 – 귀염을 받을 만한 바탕이 있다. (『큰사전』)

해방 전후에 편찬된 이 사전들에 등재된 '귀엽다',
'귀염' 등 표제어들의 뜻풀이를 발췌한 것이다. '귀엽다'
의 뜻풀이에 다시 귀엽다는 표현이 사용된 것은 마치
순환참조의 오류 같다만, 더 이상 자세히 설명할 방법
이 없었던 것은 아닐까. 마치 더 이상 쪼갤 수 없는 원자
나 물질의 성질을 갖는 가장 작은 단위인 분자처럼, 더
이상 드릴다운(drill-down)해서 표현할 만한 말이 존재

하지 않는다고 생각했던 것일까?

　　한편으로는 **사전의 의미 서술 안에 상하 관계에서 아래를 향해 돌봐주고 싶고 위해주고 싶은 마음을 가리킨다는 뉘앙스가 유실된 것이 다소 의아하게 느껴진다.** 사전이란 원래 간략히 의미를 풀이하는 것이긴 하지만 핵심적 의미를 빠뜨리고 순환참조 같은 동어반복형 뜻풀이를 하는 건 논외가 아닌가. 용법이 다양한 어떤 표제어는 번호를 붙여가며 의미를 서술하는데 말이다. 뒤에서 제시하겠지만 『일본국어대사전(日本国語大辞典)』에서 '카와이' 표제어에 대해 얼마나 상세하고 다각적으로 뜻풀이를 하고 있는지 보고 나면 더욱 고개를 갸웃거리게 된다. 이에 대해 합리적인 추론을 해보자면, 지금까지 한국인에게 '귀엽다'는 표현은 그렇게 세밀한 결을 일일이 밝혀 번호를 붙여가면서 정의를 해야할 만큼 사용 범위나 상황이 다양하지도, 중요하게 여겨지지도 않았다는 점을 역으로 방증하는 것이 아닐까.

　　다만 '귀엽다'는 원래 위에서 아래로 가련하고 어여쁘게 여기는 '내리사랑'의 의미가 담긴 말이었으나 시간이 흐름에 따라 권위가 소멸하는 방향으로 사회가 발전하면서 그런 의미가 다소 약해지고 있는 건 사실이다. **위에서 아래를 향하는 마음에서 상하 관계, 위계에 따른 관계를 빼고 나면, 작고 어리고 약하고 무지하거나 심지어 하찮은 것들에 대해 사랑스럽고 따뜻하고 평화로운 감정을 느끼며, 도리어 돌봐주고 싶다거나 뭔가를 내주고 싶다는 마음만이 남게 된다.** 물론 여전히 귀엽다고 느끼는 대상과의 관계에는 어느 방향으로든 권력 관계가 은근히 내재돼 있다. 하지만 때때로 "저런 말씀을 하시다니 저 교수님 너무 귀여우신걸" 하는 식의 표현도 얼마든지 가능한 걸 보면, 현대적인 귀여움의 감성에는 위아래의 관념을 초월해가는 경향도 있음이 명백하다.

'무해하다': 귀여움의 의미를 확장하는 키워드

현재 '귀엽다'는 말의 의미나 뉘앙스가 어떻게 확장되었는지 살펴보기 위해 다시 한번 푸바오로 돌아가 **사람들이 푸바오를 두고 하는 말, 특히 감성어를 분석해봤다.** 사람들이 귀여워서 사랑하는 대상에 대해 솔직하게 풀어놓은 글들을 살펴보면 귀여움이 어떤 의미를 갖는지, 어떤 감성과 밀접하게 관련되는지 힌트를 얻을 수 있을 것이다.

푸바오 신드롬이 본격적으로 시작된 2023년 1월부터 푸바오가 중국으로 반환된 후 신드롬이 여전히 유지되고 있는 2024년 8월 31일까지 기간 동안 '푸바오'를 언급한 SNS 게시글들을 수집하고, 감성 연관어만

'푸바오' 감성 연관어 워드클라우드
출처: 대홍기획 소셜빅데이터분석플랫폼 디빅스

추출해 워드클라우드를 그렸다. 단어의 크기는 언급량의 크기를 나타낸다.

감성 연관어를 살펴보면, **당연하게도 푸바오에 대해 사람들이 가장 많이 하는 말은 역시 '귀엽다'인 걸로 나타난다.** 그 밖에 '행복', '사랑', '좋아하다', '예쁘다', '좋다', '진심' 등의 키워드가 눈에 띈다. '사랑하다', '행복하다', '좋아하다' 등은 귀여움이라는 감성이 사람들에게 준 자극에 따른 정서적 반응으로서 나온 말이다. 그런데 **감성 연관어 워드 클라우드를 유심히 들여다보면 유독 이질적인 단어가 하나 눈에 띈다. '귀여운' 우측 상단에 있는 '무해하다'라는 단어가 그것이다.**

'무해하다'의 사전적 의미는 '해가 없다, 해가 되지 않는다'이지만, 이것이 귀엽다는 감성과 연관되어 사용될 때에는 그 의미가 미묘하게 변한다. '무해하다'라는 표현이 중요한 이유는 그 자체의 의미보다는 '귀엽다'와 결합되었을 때 나타나는 감정적 확장과 새로운 뉘앙스 때문이다. 단순히 해가 없다는 의미의 '무해함'이 '귀여움'과 함께 쓰이게 되면 단순히 외모나 행동의 귀여움에서 그치는 것이 아니라, 더 깊고 복합적인 감정을 자아내는 감성으로 변모한다.

우선 용례를 살펴보자. 아래 용례는 '무해하다'가 SNS에서 자주 쓰이는 맥락을 고려하여 재구성한 문장들이다.

1) 100kg 넘고 거의 성체에 가까운데 그래도 자기가 아기인 줄 아는 푸바오, 귀여워! 세상 무해하구나.

2) 의도 없는 순수한 눈망울, 보고 있으면 천년의 화가 다 사라지는 것 같은 무해함

3) 준호는 얼굴이 무해함 그 자체야.

4) 얘네들 이 조합, 대화하고 같이 노는 모습이 너무 하찮고 무해하고 귀여워!! 계속 보고 싶어.

1)번에서 '무해하다'는 말은 자신의 크기나 나이를 인지하지 못하고 여전히 아기처럼 구는 모습에서 오는 '무지에 기인한 귀여움'을 강조한다. 단순히 '크지만 귀엽다'는 차원에서 벗어나, 큰 몸집에도 불구하고 해를 끼칠 수 없는 존재로서의 순진무구함이 더해지면서 귀여움이 한층 더 폭넓은 감성으로 확장된다. '무해함'은 그 대상이 보는 이에게 안도감을 주는 '안전한 귀여움'의 이미지를 형성하는 역할을 한다.

2)번에서는 '의도 없음'이 무해함의 중요한 요소로 작용한다. '무해함'이 귀여움을 감정적 해방감을 주는 감각으로 확장시킨다. 대상의 의도 없는 순수한 모습은

사람의 마음을 편안하게 하고, 감정적으로 치유되는 경험을 선사한다. 귀여움에 '무해함'이 더해지면서 그 대상은 단순히 귀여울 뿐 아니라, 정서적인 치유와 해소를 제공하는 존재로 변모한다. 여기에서 귀여움은 무해함과 결합되어 단순한 시각적 혹은 외적인 느낌을 넘어선 감정적 카타르시스를 불러일으키는 힘을 가지게 된다.

3)번은 얼굴 모습에 '무해하다'는 말이 쓰인 케이스인데, 선이 가늘고 흰 얼굴, 동글동글한 이목구비, 선한 표정 등 **순하고 해맑은 생김새를** 표현하는 말로 쓰인 것이다. 외모에 대해 무해하다고 표현할 때, 이는 보기에 평화롭고, 보는 이에게 긴장이나 불편함을 전혀 주지 않는 순수함과 편안함을 의미한다.

4)번에서 '무해함'은 일상적인 소소한 행동과 귀여움이 결합될 때 생기는 감정적 반응을 설명하는 역할을 한다. 평소에는 무대에서 엄청난 카리스마를 보여주던 아이돌 스타들이 일상 속에서 보이는 소소하고 하찮은 행동은 그들의 무해함을 더욱 부각시키며, **그 차이**

가 클수록 팬들은 더 큰 감정적 진폭을 느끼게 된다. '하찮다'는 표현은 보통 부정적인 의미로 쓰이지만, 이 문맥에서는 오히려 그들이 무의식적으로 보여주는 사소한 모습이 더없이 귀엽고 사랑스럽다는 의미로 사용되고 있다. 여기서 무해함은 무대와 일상 모습의 갭, 겉으로 보이는 모습과 진실의 순간에 엿보이는 리얼한 본성의 낙차에서 기인하는 것으로 그 대상을 한층 인간적이고 친근하게 느끼게 만드는 요소로 기능한다.

원래 '무해하다'라는 말은 감성의 영역보다는 '인체에 무해하다'거나 '성분이 무해하다'는 식으로 쓰였던 말이다. 그런데 요즘 '무해하다'라는 말은 '귀엽다'는 말과 함께 쓰이면서 생김새를 넘어 순수하고 의도가 없으며 계산하지 않는 성격이나 성향 혹은 그런 상황으로까지 귀여움의 의미를 확장하는 말로 기능하고 있다. 식약처 같은 전문 기관 혹은 뉴스에서나 볼 법한 단어였던 것이 다수의 언중이 사용하는 감성의 언어가 된 것이다.

이 말은 처음엔 10~20대 젊은 층을 중심으로 통용되다가 30~40대로 확산되더니 이제는 대부분의 세대가 그 의미를 알고 쓰는 정도까지 보편화의 경지에 이르렀다. 그러면서 우선 사용 빈도가 늘었다. 2013년에 '무해하다' 언급량은 약 3만 7,000여 건에 불과했지만 2023년에는 25만여 건으로 예닐곱 배가량 뛰었다. 위의 용례에서 보듯 단어의 의미가 확장된 영향일 것이다. 이제는 『트렌드 코리아 2025』에서 '무해력'을 10대 트렌드 키워드 중 하나로 꼽으면서 전 국민의 입에 회자되는 말이 되었다.

이처럼 '무해함'은 현재 귀여움의 의미를 한층 확장시키는 중요한 키워드다. 단순히 해가 없다는 개념을 넘어서 귀여움과 결합된 무해함은 그 대상에게 순수함과 친근함을 더해주며, 감정적 안도와 편안함의 의미를 배가한다. 이를 통해 귀여움은 외모적 속성을 뛰어넘어 더 복합적이고 깊은 감성으로 진화한다. **'무해하다'라는 말은 '귀엽다'의 확장된 의미 영역을 담당하면서, 현대인들이 일상 속에서 느끼는 작은 위로, 감정적 카타르시스를 불러일으키는 새로운 역할을 부여받게 되었다.**

일본 '카와이'의 스펙트럼

　　귀여움에 우리보다 일가견이 있는 이웃나라 일본을 통해 귀여움의 감성을 좀 더 파고들어 보자. 귀여움, '카와이' 문화의 원조는 단연 일본이다. 1980년대 일본이 경제적으로나 문화적으로 전성기를 맞았던 시기, 이미 서방세계에서 '카와이'는 일본을 대표하는 미의식으로 알려진 바 있다. 영국 옥스퍼드 영어사전에는 'kawaii'가 표제어로 등재돼 있을 정도다. 혹자는 '스시'가 20세기를 대표하는 글로벌 공용 일본어라면, 21세기의 그것은 '카와이'라고 말한다.[24] 스시를 모르는 사람이 없듯 카와이 역시 전 세계적으로 통하며 이 감성을 대표하는 표제어로 인정받고 있어서다. 특히 아니메(アニメ)나

망가(マンガ)의 세계적 인기를 기반으로 **아시아는 물론 유럽, 북미, 남미를 막론하고 전 세계적으로 이뤄져온 귀여움 감성에 대한 연구 논문들 대부분이 이 감성을 'kawaii'라고 지칭하고 있다. 명백히 '이 구역'에서 일본의 이니셔티브가 확실히 있다는 걸 방증하는 셈이다.**

흔히 한국어의 '귀엽다'에 대응하는 일본어 단어를 '카와이'라고 보기는 하지만, 사용 대상이나 범위, 사용 상황 등을 생각하면 카와이 쪽이 훨씬 광범위하다. 어떤 때는 최상급 칭찬이나 가장 기분 좋은 말, 깊은 애정이 담긴 표현으로 간주되고, 또 어떤 때는 나쁘지 않다거나 괜찮다는 정도의 중간 정도 긍정을 표현하는 말로도, 때로는 아예 하찮은 것이라는 의미로도 쓰이며, 오타쿠들의 서브컬처를 가리키는 데에도 쓰인다. 진짜 귀여워서 귀엽다기보다는 습관적 수사나 감탄사로 쓰이는 경우도 많다. 또한 사람은 물론 동물에게도 쓸 수 있는 말이다. 일본 드라마에서 본 상황을 떠올려보자면 나야 일본인이 아니니 짐작만 하는 것이지만 그냥 뭔가가 괜찮아 보이면 덮어놓고 '카와이'라고 하는 느낌도 없지 않다. 특히 사람에 대해 '카와이'라고 할 경우 의미의 스펙트럼을 펼쳐보면 '솔직하고 겸허하다. 항상 긍정적 세계관을 갖고 있다. 장식하지 않은 자연미를 지녔다. 사람에 맞춰 태도를 달리하지 않고, 모두를 동일하고 평등하게 대한다. 유머와 함께 애교가 넘치면서 항상 웃는다. 주변 공기를 읽는 능력이 탁월하다. 최선을 다해 열심히 살아간다. 다른 사람의 공감을 얻으려고 노력한다…' 등등 마치 '모든 좋은 것의 총합' 같은 느낌이다.

그래서인지 우리말 '귀엽다'의 뜻풀이와 달리 『일본국어대사전』의 '카와이' 표제어에 대한 뜻풀이는 매우 다각적이고 상세하다. 다음은 2016년 관련 논문[25]에서 소개한 해당 사전 내 '카와이'의 뜻풀이를 발췌하여 한글로 번역하고 영어 원문을 병기한 것이다.

Kawaii (형용사)

1) 가련해 보여 동정을 자아냄. 애처로운. 불쌍한. 측은한.

    looks miserable and raises sympathy. pitiable. pathetic.

piteous.

2) 매력적임. 무시할 수 없음. 소중히 여겨지는. 사랑받는.

    attractive. cannot be neglected. cherished. beloved.

3) 성격이 상냥함. 사랑스러움.

    has a sweet nature. lovely.

    a) (젊은 여성이나 아이들의 얼굴과 모습) 사랑스러움. 매력적임. (of faces
       and figures of young women and children) adorable. attractive.

    b) (아이처럼) 순수함. 순종적임. 감동적임. (like children) innocent.
       obedient. touching.

4) (사물이나 형태) 매력적으로 작음. 작고 아름다움.

    (of things and shapes) attractively small. small and beautiful.

5) 사소함. 하찮음. (약간 경멸적으로 사용됨)

    trivial. pitiful. (used with slight disdain).

우리말 '귀엽다' 표제어에 대한 뜻풀이와는 비교도
할 수 없을 만큼 구체적이고 상세하며 스펙트럼이 넓
다. 특히 '카와이'의 의미 1)번에 가련하고 애처롭고 불
쌍하다는 의미가 올라 있는 것은 흥미로운 포인트다.
물론 가능성이 낮은 가설이라고 이미 언급했지만 '귀엽
다'가 '가엾다'로부터 유래했다는 설은 '카와이'의 의미
변천 과정에서 착안되었을 가능성이 높아 보인다. **'카와**

이'는 중세 일본어에서 '카와유이'라는 형태로 불쌍하거나 애처로운 의미로 사용되었으며, '차마 눈뜨고 볼 수 없는'이라는 뉘앙스를 내포했다고 한다. 이후에는 여성이나 아이들처럼 상대적 약자에 대한 연민 섞인 애정을 가리키는 의미로 쓰이기 시작했으며, 에도 시대(1603~1868년) 후반에는 '동정/연민'의 뉘앙스가 사라지고 '사랑'과 '애정(누군가를 그냥 내버려둘 수 없음, 돌봄)'의 의미만 남았다. 그리하여 '카와이'는 작고 사랑스러운 것을 묘사하는 형용사로 사용되기 시작했다.

일본어 사전의 뜻풀이가 우리말 '귀엽다'의 세밀한 결을 잘 정의하고 있다는 생각이 드는 건 요즘 '귀엽다'가 '카와이'의 용법, 의미의 스펙트럼을 닮아가고 있어서일 것이다. 앞서 분석한 Z세대 대상 설문[26]에서 몇몇 응답자들이 쓴 주관식 응답에서는 이미 그 점을 다음과 같이 지적하고 있다. 지금 부상한 귀여움 트렌드의 중심에 있는 Z세대 소비자들은 이처럼 '귀엽다'의 의미가 '카와이'에 가까워졌다고 느끼고 있는 것이다.

"요즘에 '귀엽다'라는 단어는 과거에 비해 넓게 쓰이고 있다는 생각이 들어요. 일본식 귀여운 감성이 한국에 스며들고 있는 느낌…?" (21세, 여성)

"전반적으로 좋은 감정에 대해 모든 것을 포괄할 수 있는 의미라고 생각한다." (23세, 여성)

"귀엽다는 표현이 가장 대중적으로 사용하기에 무난한 표현이 된 것 같습니다. 그만큼 남발되고 있는 듯한 느낌이 들어서, 반응은 해야 하지만 할 말이 없을 때 '귀엽다'라는 표현으로 대체하는 것 같습니다. 이전의 '대박'과 비슷한 느낌입니다." (25세, 여성)

'카와이'가 '키레이(きれい, 예쁘다)', '우츠쿠시이(うつくしい, 아름답다)'와 구별되는 뉘앙스를 가진 점도 눈여겨볼 만하다. **'카와이'는 다른 두 단어 대비 한층 편안하고 일상적인 뉘앙스를 풍긴다. 가까이 다가가기에 부담스럽지 않은 느낌, 좀 더 친밀하고 다정한 느낌을 가진 표현이다.** 그래서 연심을 고백하는 순간에도 더 어울리는 건 '키레이'나 '우츠쿠시이'가 아니라 '카와이'다. 키레이나 우츠쿠시이가 손 닿지

않는 거리감, 객관성을 전제로 한다면 카와이는 마음이
가는 것을 전제로 한다. 우리말의 '귀엽다'와 다르지 않
은 부분이다.

한편 **우리말 사전의 뜻풀이에서는 유실된 상하 관계의 뉘앙
스가 일본어 사전에서는 상세하게 살아 있다는 점도 재미있다.** 어
린아이나 젊은 여성을 향한 표현이라는 의식이 명확히
드러나 있으며, **성숙하거나 무르익은 것, 영리하거나 영악한 것
은 '카와이'가 아니다.** 우리말의 '귀엽다'는 내리사랑의 의미
를 보다 진하게 가졌던 말이었지만 사회문화적 분위기
변화와 더불어 의식적으로 권력관계가 느껴지는 뉘앙
스를 제거해가고 있으나, 일본에서는 그러한 움직임이
매우 더디다. 심지어 '여자력(女子力)[27]'이라는 말이 버젓
이 쓰이며 여자력의 중요한 덕목이 '나이와 관계없이 귀
여워지는 것'이라고 말하기도 한다. 일본에서는 카와이
속에 내재한 상대적 약자에 대한 애정의 뉘앙스가 좀
더 강하게 살아 있는 듯하다.

'카와이'의 연원, 작은 것은 뭐든 귀엽다

'카와이'의 의미나 현대적 쓰임새 이외에 짚어보고 싶은 건 일본의 대표적 미의식 중 하나로 여겨지는 '카와이'의 역사적 연원이다. 일본에서 '카와이'는 아주 오래 전부터 중요한 미적 감성이었다. 한국어나 한반도의 고대, 중세 문헌에서는 '귀엽다'의 조상어나 사용 흔적을 찾아보기 어려웠지만, '카와이'는 어원과 어형의 변천 과정 역시 밝혀져 있다[카오하유시(かおはゆし, kaohayusi) → 카와유시(かわゆし, kawausi) → 카와유이(かわゆい, kawaui) → 카와이(かわいい, kawaii)]. 심지어 천년 전 일본 고대 문학에서 '카와이' 감성의 원류를 찾아볼 수 있다.

우리가 중고등학교 시절에 신라의 향가나 고려가요 같은 것을 배우는 느낌과 비슷하게, 일본 중고등학교에서 중요하게 다루는 고전문학 작품의 양대 산맥을 꼽자면 헤이안 시대(798~1185년)에 쓰인 수필집『마쿠라노소시(枕草子)』와 세계 최초의 장편소설이라 하는『겐지 이야기(源氏物語)』가 있다. 고대 귀족 사회를 중심으로 일본 특유의 국풍 문화를 꽃피웠던 시기인 헤이안 시대 중기, 두 작품은 각각 당시 천황(제66대 이치조 천황. 재위 986~1011년)의 정실인 황후와 중궁[28]을 보좌하는 시녀(女房)였던 세이 쇼나곤(清少納言)과 무라사키 시키부(紫式部)가 썼다.

특히 세이 쇼나곤의『마쿠라노소시』에는 궁중 생활과 귀족들의 일상 속 소소한 일들이나 인간관계 등에 대한 고대 여성의 솔직한 감정을 재치 있게 그려낸 수필이 수백여 편 담겨 있는데, 그중 한 편에 '귀여운 것들(うつくしきもの)'에 대한 이야기가 나온다. 황후를 글재주와 예술적 감각으로 보좌했던 시녀가 쓴 글이라 그런지, 현대어역으로나마 읽다 보면 천년 전 이웃나라 고대인의 감정인데도 공감이 가고 웃음이 지어진다.

길지 않으니 다음과 같이 전문을 소개한다.

● **귀여운 것들**[29]

참외에 그려진 아이의 얼굴. 참새 새끼가 짹짹거리며 폴짝폴짝 뛰어오는 모습. 두세 살 된 어린아이가 기어가다가 작은 티끌을 발견하고, 통통한 작은 손가락으로 집어 들어 어른들에게 자랑스럽게 보여주는 모습. 단발머리 아이가 앞머리가 눈에 닿는데도 손으로 넘기지 않고, 살짝 고개를 갸웃거리며 무언가를 바라보는 모습. 크지 않은 귀족 자제가 아름다운 옷을 입고 걷는 모습. 예쁜 아기를 안아서 어르며 품 안에 넣고 있을 때 포근히 잠이 들어버리는 모습. 인형 놀이의 소품들. 연못에서 건져 올린 아주 작은 연잎. 아주 작은 양귀비 꽃.

작은 것들은 모두 귀엽다.

새하얀 피부를 가진 통통한 아이 둘이, 얇은 이중 염색 천으로 만든 긴 옷을 입고 소매를 묶고 기어나오는 모습도, 짧은 옷에 소매만 유난히 돋보이는 옷을 입고 걸어다니는 모습도 모두 사랑스럽다. 여덟, 아홉, 열 살쯤 되는 소년이 아이 같은 높은 목소리로 책을 읽는 모습도 귀엽다. 병아리가 다리가 길고 하얗고 깜찍하게, 마치 옷자락을 걷어 올린 것처럼 종종걸음을 치며 삐약삐약 시끄럽게 울며 사람 주위를 따라다니는 모습도 재미있다. 또 어미 닭이 병아리를 데리고 함께 뛰는 모습도 모두 사랑스럽다. 청둥오리의 알, 푸른 유리로 된 항아리도.

세이 쇼나곤은 세밀한 관찰력으로 일상 속에서 포착한 '귀여운 것들'을 나열한다. **이 수필에서 '귀여운 것들'로 지칭된 것들은 대부분 작고 어린 것, 연약한 것들이다.** 아이들, 참새나 병아리 같은 작은 조류, 꽃이나 잎이 작은 것, 소품 같은 것도 나온다. 병아리가 어미 닭을 따라다니거나 사람을 따라다니는 모습도 비슷한 느낌이다. 제 몸보다 크거나 긴 옷을 입은 모습도 귀여운 장면으로 언급된다. 한창 유행했던 루즈핏 패션의 포인트가 '여리여리한 실루엣'이라는 점을 떠올리게 하는 대목이다.

어쨌든 요는 **'작은 것'**이다. 글 속에서도 아예 **'작은 것들은 모두 귀엽다'**라고 단정짓는 언급이 나온다. 이에 더해 주변이나 자기 자신을 의식하지 않는 천진하고 무심한 모습도 귀여움을 부른다. **계산하지 않는 순진무구함, 악의 없는 순수함, 앞에서 이야기했던 '무해함'과 딱 들어맞는 감성이다.**

그녀가 이걸 쓰고 난 뒤 무려 천년이 흘렀고, 하물며 이쪽은 이웃나라 현대인이다. 그럼에도 이 글은 나와 동시대를 살고 있는 재치 있는 에세이스트가 최근에 발표한 글이라고 해도 믿을 수 있을 만큼 섬세하고 감각적이다. 저자가 읊조리는 광경들이 내 머릿속에서도 영상으로 재생되듯 생생하게 떠오르며 저자가 그 장면을 보면서 느꼈던 감정에 절로 공감하게 된다. 천년전 이웃나라의 궁중 여관이 느낀 귀여움의 감각은 우리가 현재 갖고 있는 귀여움의 감각과 크게 다르지 않아 보인다. 내가 서구인이 아니니 서구 독자는 어떻게 느낄지 제대로 알 길은 없으나, **적어도 같은 동아시아인의 입장에서 이 글에 드러나는 작은 것, 어린 것, 연약한 것, 주변이나 자기 자신을 의식하지 않는 천진난만한 것들에 대한 따사롭고 애틋한 마음에는 완전히 공감하게 된다.**

10~11세기에 쓰인 이 수필의 원제인 'うつくしきもの(우츠쿠시키모노)'에서 '귀엽다'는 뜻의 형용사 'うつくし(우츠쿠시)'는 7~8세기 고대 시가를 모은 『만엽집』에서는 부모가 자식에 대해 사랑스러워 하면서도 애잔하게 여기는 마음을 가리키는 표현으로 쓰였다고 한다. 그런데 그것이 200~300년의 시간에 걸쳐 작고 어리고 약한 것들을 어여쁘고 애틋하게 생각하는 표현으로 뉘앙스가 바뀌었고, 현대에 와서는 보편적인 미감을 가리키

는 표현이 된 것이다.

우리말에서는 비록 '귀엽다'의 어원이나 고대인의 감성 등을 명확히 확인할 수 없지만, 앞에서 이야기한 것처럼 **상대적으로 작고 어리고 약한 대상에 대한 '내리사랑'의 감각이 내재된 말이었던 걸로 보인다.** 결국 '카와이'와 서로 상통하는 맥락이 있다. 영어의 'cute'와는 완전히 구별되는 동아시아적 귀여움의 감성은 '위에서 아래로' 또한 '작고 어리고 약한 것'을 긍휼히 보는 감정이란 점에서 서로 공명한다.

카와이, 불완전한 것에 대한 애정

　'카와이'는 작거나 어리고 약한 것, 연민이나 동정의 마음이 드는 것, 아이같이 천진난만하고 무해한 것에 대한 애정이다. 일본인들은 고대에도 작고 연약한 것, 불완전한 것들에 대한 애틋한 감성을 세밀하게 구별하여 다른 갈래의 감정으로 인식했고 완벽한 것보다 더 아름다운 것으로 여겼다. **보름달이 차면 반드시 기울듯이 완벽한 것, 완전한 것은 오히려 위험하고 불안한 것이다.** '카와이' 이외에도 일본을 대표하는 '모노노아와레'[30], '와비사비'[31]의 미학이 이를 방증한다.

　다만 이런 경향은 단지 일본에만 국한된 것은 아니며 노장 사상을 공유하는 한국이나 중국에도 비슷한 맥락의 사고 체계가 존재한다. 하지만 그것이 지배계층 중심의 사회규범이나 도덕적 관념을 넘어 예술, 생활 전반에 이르기까지 지배적 영향을 미친 것은 한중일 중에서도 단연 일본이다.

앞에서 '카와이'의 사전적 의미를 두고 고찰하면서 이런 의미와 뉘앙스는 '서구인은 어떻게 느낄지 모르겠다'고 이야기한 건 역사적으로 **서구권과 동아시아권의 '작고 어리고 약한 것'에 대한 감각이 확실히 다르기 때문이다.** 약하고 불완전한 것의 미학은 서구적 미학이 아니다. 한 예로 18세기 산업혁명기까지만 해도 유럽에서 아이들은 보호받아야 할 대상이 아니라 그저 '몸이 작은 인간'으로 취급받았다. 하층 계급 아이들은 공장의 값싼 노동력으로 착취당했다. 작은 것, 어린 것은 돌봐주어야 할 애틋한 대상이 아니라 약한 것, 모자란 것에 가까웠다. 이런 생각의 사상적 기원은 고대 그리스로부터 기인한다. 서양 문화의 정신적 뿌리는 고대 그리스에 있기 때문이다. 고대 그리스에서는 성인 남성이 표준 인간이었고, 남성의 건강한 육체와 강인한 힘이 이상적인 아름다움

으로 대우받았다. 플라톤과 아리스토텔레스의 철학에
서도 육체적 강인함과 도덕적 완전함이 연결된 것으로
여겼다. 고대 그리스의 이상적 인간상이란 '성숙하고 완
전한 것'으로, 발전 도상에 놓여 있어 아직 약하고 미숙
한 것은 이상적인 것이 아니었다.

시각적으로도 서구적 미학에서는 완벽한 좌우 대
칭을 이상적인 아름다움이라 여겼다. 대칭은 조화와 균
형의 상징으로 여겨졌고 조형적 안정감을 주며 권위와
엄숙함을 표현하는 데 사용되었다. 베르사유의 정원을
떠올려보면 완벽하게 이해될 것이다. 반면 일본의 정원
이나 이케바나(꽃꽂이)의 이미지를 떠올려보면 대칭적
인 형태를 찾는 것이 오히려 쉽지 않다. 비대칭, 반쯤 핀
꽃, 여백이 있는 것, 작게 축소한 것이 아름다운 것으로
여겨진다. 이런 특성은 불완전함에서 독특한 미감을 느
끼는 정서와 연결된다.

일본인의 행복관에서도 불완전함에 기울어진 정서
를 확인할 수 있다. 한림대 일본학연구소가 발간하는
일본학 총서 중 『일본인의 심리』 권에서는 "일본의 수

양서나 사상서에는 거의 항상 '아홉은 모자라고 열은 넘친다'는 관념이 기저에 흐른다"고 말한다. 모든 것이 충족되고 충만한 상태는 스러질 일밖에 남지 않았으니

베르사유 자수 정원
ⓒ 베르사유궁 공식 홈페이지

일본 교토 료안지 정원
ⓒ 료안지 공식 홈페이지

불안하고 덧없는 것이므로 한 점 모자람 없이 행복한 상태라는 건 오히려 위험하고 자랑해서도 안 되는 불길한 것이다. **요컨대 서구적 시각에서 불완전한 것은 '미완(未完)', '미성숙'이지만 일본적 시각에서는 '발전해가는 과정' 중에 있는 것, '차오르는 중인 것'에 가깝다.**

이걸 현대적 현상 가운데 어울리는 사례를 찾아보면, 일본에선 소위 '성장형 아이돌'을 선호하는 경향과 관련이 있지 않을까 추측한다. 한국이 K팝의 종주국으로 부상하면서 한국 아이돌은 오랜 연습 기간 동안 춤, 노래, 외국어, 연기 등을 갈고닦아 완벽에 가까운 퍼포먼스를 선보이는 '완성형 아이돌'로 각광받았다. K팝 아이돌이란 응당 칼군무와 완성된 가창력을 갖고 있어야 하며 선망과 동경의 대상이 되어야 한다. 물론 최근에는 우리나라에서도 선발과 데뷔 과정까지 공개되는 오디션 프로그램이나 기획사 자체 콘텐츠를 통해 아이돌의 성장 서사가 인기를 끌고 '내 아이돌은 내가 키운다'는 의식이 강화된 것도 사실이다. 하지만 적어도 우리나라에서는 퍼포먼스의 완성도나 실력에 대해서는 타협하지 않는 편이다. 어쨌든 무대에 서기 위해서는 빛나는 재능을 타고나든 피나는 노력을 하든 남다른 실력을 갖춰야 한다는 생각이 강하다.

　　반면 일본은 쇼엔터테인먼트나 아이돌 그룹 시스템의 원조 격이면서도 아이돌의 실력이나 퍼포먼스에 대한 시각은 사뭇 다르다. 일본에서는 흔히 J팝 아이돌을 고시엔(고교야구)에, K팝 아이돌을 프로야구에 비교한다고 한다.[32] 일본 팬덤 문화는 미숙하고 부족하지만 열심히 하는 모습을 응원하고 성장하는 모습을 지켜보는 걸 팬덤의 보람으로 여기는 경향이 강하다는 것이다. 전용 극장 라이브 공연을 주로 하는 '지하 아이돌'이 성행하는 현상도 비슷한 맥락이며, 아스라히 멀리 있는 스타가 아니라 퍼포먼스나 실력이 좀 떨어지더라도 친근하고 좀 더 가까이 다가가서 접할 수 있다는 이유도 적지 않다. 이처럼 미완, 미성숙한 대상을 '카와이'하다고 느끼고 그들이 완성돼가는 과정을 지켜보며 지원하는 J팝 팬덤 문화는 작고 불완전한 것에 각별한 애정을 가져 온 일본적 특성과 관련이 깊은 듯 보인다.

대륙으로 간 '모에': 중국의 '멍(萌)' 트렌드

한국에 '귀여움', 일본에 '카와이'가 있다면 중국엔 '멍(萌)'이 있다. '멍(萌)'은 '싹(sprout)'이라는 뜻인데, 일본 서브컬처에 익숙한 사람이라면 아마 이 글자가 낯이 익을 것이다. 그렇다. '멍(萌)'은 일본의 '모에(萌え)'에서 온 말이다.

'모에'는 일본어로 본래 새싹이 돋는다는 뜻이지만, 애니메이션, 만화, 게임 속 캐릭터를 보며 느끼는 귀여움과 보호 본능, 특정 대상에 대한 오타쿠적인 강렬한 애정을 가리키는 개념으로 자리 잡았다. 처음엔 1980년대 일본 애니메이션의 유행과 함께 서브컬처로 부상했고 '오타쿠 문화'스러운 용어였지만, 오늘날에 와서는 일본 대중문화 전반에 확산되며 비교적 대중적인 표현으로 자리 잡았다고 볼 수 있다.

그러나 '카와이'로부터 파생된 개념이긴 하나 여전히 마이너한 쪽이다. 한국어의 '귀여움'과 유사하면서도, 특정 대상에 몰입하고 열광하는 행태를 강조한다는 점에서 차이가 있다. '모에'는 단순히 외형에 그치지 않고, 캐릭터의 성격, 이야기 속 설정 등 다양한 측면에서 귀여움과 앙증맞음을 추구하는 것인데, '안경 모에', '고양이 귀 모에', '츤데레 모에' 등 특정 속성을 중심으로 세분화된 애정을 나타내기도 한다. '모에'와는 관계가 없어 보이는 대상을 귀엽고 앙증맞게 단순화해서 '모에'스럽게 바꾸는 '모에화(化)'도 무시하기 어려운 취향 중 하나다. 쉽게는 **대상 혹은 대상의 특정 속성을 귀엽게 의인화해서 소비하는 움직임**이라고 이해하면 크게 틀리지 않을 것이다.

중국에서 멍(萌)은 원래 '싹, 싹틈'이라는 뜻이지만, 2000년대 중반 이후 일본 애니메이션의 유행과 이에 대한 하위 문화의 하나인 '모에'가 들어오면서 원래 귀엽다는 의미로 쓰이던 '커아이(可爱)'를 제치고 귀엽고 작고 어리고 앙증맞은 것을 의미하는 말로 통용되고 있다. 일본에서는 '모에'가 오타쿠 문화를 중심으로 발전한 데 비해 **중국에서 '멍(萌)'은 젊은 세대 전반의 생활 문화에 스며들어 특정 계층을 넘어선 공감대를 형성하고 있다.** 그러니까 '귀엽다'의 일상적·범용적 버전이 일본어의 '카와이'라면, 카와이의 서브컬처적 측면이 응축된 것이 '모에'다. 그런데 일본의 '모에'가 중국으로 건너가더니 원래 중국어에서 귀엽다는 뜻을 갖고 있던 '커아이'를 제치고 인터넷을 통해 네티즌 사이에 중학생에서 중년층에 이르기까지 광범위하게 퍼져나가 일상적 귀여움의 영역까지 포괄하게 되었다는 것이다.

중국어에서 원래 '귀엽다'는 뜻의 단어는 '커아이'였다. 한자를 보면 '가능할 가(可)'에 '사랑 애(爱)'. 사랑할 만하다, 혹은 사랑스럽다는 뜻으로 이해된다. 아마도 중국의 '커아이'가 일본으로 건너가 '카와이'가 되었을 것이다. 카와이는 대체로 히라가나로 소리나는 대로 쓰는 게 보통이지만 사실 한자로 쓰자면 커아이와 동일하게 '가능할 가(可)'에 '사랑 애(爱)' 자를 쓴다. 중국에서 커아이가 일본으로 건너갔었는데 지금은 역으로 일본의 모에가 중국으로 건너가 '멍(萌)'이 되어 커아이가 가리키던 귀여움의 범주를 기발한 귀여움(Whimsical Cuteness)으로 확장하고 일부 역할을 나눠 맡게 된 셈이니 아이러니라는 생각도 든다.

몇 년 전부터 중국에서는 '멍(萌) 트렌드', 즉 Z세대를 중심으로 귀여운 캐릭터 IP, 굿즈, 동물 콘텐츠 등 키덜트 소비가 활발을 넘어 맹렬한 수준인데,[33] 중국에서 피규어 등 아트토이 소비자 중 39%가 Z세대이며 그중 연평균 피규어 소비액이 '1,000위안(한화 약 20만 원) 이상'이라는 응답이 41%[34]에 달했다. 또한 중국 SNS 샤오훙수에서 2023년에만 '#元气卡通風(일본애니스타일)'이라는 해시태그가 4,500만 뷰[35]를 넘겼다.

팬데믹 기간 중에는 럭셔리 브랜드가 여전히 중국에서 이익의 가장 많은 비중을 의존하고 있었던 당시에 구찌, 로에베 등 브랜드가 '도라에몽', '원피스', '토토로'를 과감히 적용한 컬렉션을 내놓았다. '원피스'는 중국의 바링허우(80后), 지우링허우(90后) 세대에겐 즐거운

© Jingdaily

어린 시절의 상징이라고 한다. 럭셔리 브랜드가 '멍 트
렌드'에 따라 캐릭터를 적용하는 것과 관련해 중국 리
테일 전문 미디어 《징데일리(JingDaily)》는 중국 Z세대
를 타깃으로 한다면 '멍(萌) 트렌드'를 반드시 이해해야

© 린리 공식 인스타그램

한다고 조언하기도 했다.[36]

한편 귀여운 굿즈를 마케팅에 활용하는 양상도 눈에 띄는데, 수제 레몬티 브랜드 린리(LINLI)는 음료를 마실 때마다 오리 인형을 준다.[37] 표정, 색깔, 패션 등에 변형을 준 새로운 오리들이 나오면서 열광적인 팬들이 계속해서 재구매를 하게 만드는 것으로 유명하다.

이러한 '멍(萌)' 소비의 확산은 적은 보상으로 과로를 요구하는 사회적 압박과 스트레스에 대한 젊은 세대의 반작용이라는 해석이 있다. 2021년 중국 최대 유행어였던 '탕핑(躺平)'은 치열한 경쟁, 높은 집값, 과도한 노동 등 사회적 압박에 대한 젊은 세대의 반발로 나타난 것인데, '그냥 평평히 드러누워 있는다', 즉 사회적 경쟁과 압박을 거부하고 최소한의 생활만을 유지하겠다는 의미다. 당시 세계적으로 유행했던 '조용한 퇴직'과도 통하는 관념이다. 그러다 2023년에는 겉은 번지르르하지만 실제로는 가난한 상태, 다시 말해 제한된 예산 내에서 최대한 품위 있는 삶을 추구하는 삶의 방식으로 '세련된 빈곤'이라는 뜻의 유행어 '징즈충(精致窮)'이 떠오르기도 했다. 이런 와중에 키덜트 소비가 여전히 맹렬하게 유지되는 건 귀엽고 순수한 이미지를 통해 현실의 어려움을 잊고 위안을 얻으려는 심리가 반영되었다는 것이다. 한국 MZ세대와 일본 사토리 세대가 겹쳐지는 대목이다.

한중일
귀여움 문화 부상의 속뜻

처음엔 이 장에서 한중일 귀여움 관념의 차이를 중심으로 귀여움 소비의 차이를 비교 분석하고 규명해보고 싶었다. 영어의 'cute'가 한국어나 일본어의 귀여움 관념과는 어원적으로 얼마나 동떨어져 있는지 확인했기 때문에, 역사적으로나 문화적으로나 좋든 싫든 서로 영향을 주고받았던 한중일 3개국 간에는 현재 귀여움의 관념에 어떤 차이가 있을지 궁금했다. 특히 일본의 경우 귀여운 것에 대한 각별한 감성이 고대 문헌에도 나타난다는 점을 알고 있었기에 확실히 차이가 있을 것이라고 생각했다. 일본에서 이 감성이 가장 빨리 상업적으로 활성화되었고, 의미나 용법에 있어서도 상당히 확장돼 있을 뿐 아니라, 세계적으로 종주국 비슷한 대접을 받는 것도 사실이다.

하지만 막상 집필을 위한 리서치를 하다 보니 적어도 최근의 양상에서는 3개국의 문화적 연원에 따른 차이점도 물론 있지만 그보다 공통점이 더 두드러져 보였다. 아무래도 귀여움 문화의 중심에 각국의 젊은 세대가 있는데 이들이 처한 상황이 크게 다르지 않다는 점, 경제적인 면은 물론 SNS 등을 통해 세상이 한층 가깝게 이어진 탓 혹은 덕에 관념적으로나 소비적으로나 높은 유사성을 갖게 됐다는 점이 그 원인일 것이다.

한중일 귀여움 문화가 부상한 시기와 그 배경, 전개 양상의 공통점과 차이점을 이해하기 위해서는 각 국가 경제의 구조적 변화, 젊은 세대의 좌절감, 그리고 문화적 DNA를 함께 살펴봐야 한다. 우선 세 국가의 귀여움 문화가 본격적으로 부상한 시기를 일본은 1980년대, 중국은 2010년대 후반, 한국은 2020년 이후 정도로 상정해보면 두 가지의 공통적인 패턴이 잡힌다. 첫 번째는 고도의 경제성장 혹은 일정 수준 이상의 경제적 풍요를 이룬 이후 소비 성향이 구조적으로 변화하기 시작한 시점이라는 것, 두 번째는 극심한 양극화가 진행되면서 사회적 모순, 부조리에 좌절감과 불안감을 느끼는 청년 세대들의 반작용으로 심리적 탈출구가 절실했던 시점이라는 것이다.

일본은 1980년대에 이미 카와이 문화가 크게 부상했다. 이는 다른 두 국가보다 훨씬 이른 시기였다. 이 시기 일본 경제는 미국 GDP의 2/3 수준에 이를 정도로 강세를 보였다. 경제적 호황기는 소비문화의 질적 전환을 가져왔다. 1980년대 일본 소비사회는 버블 속에서 물질주의가 극단에 달해 모든 것을 상품화하고, 물건이 자신을 표현하는 기호가 된다고 믿으며, 겉으로 보이는 이미지, 그 이미지가 주는 느낌이 더 중요한 시대였다. 그리고 1991년 버블 경제가 붕괴되면서 상황이 급변했다. 버블 붕괴 이후 청년들의 실질소득이 줄어들고 실업률은 치솟았으며 상당한 비율의 젊은 세대는 사회적 성공 가능성이 없다고 믿게 되었고, 이처럼 좌절한 젊은이들이 집으로 은둔하고 '히키코모리'가 급격히 늘어나면서 사회문제로 대두되기 시작했다.

이 시기 대표적인 귀여움의 첨병이었던 산리오의 헬로키티는 1974년 출시되었지만 1983~1984년 무렵에 연매출이 300억 엔에 달했고 130개국으로 수출됐으며 1985년부터 1990년 사이 산리오의 매출은 70% 증가했다. 그리고 버블 붕괴 이후인 1995~2005년까지 400% 성장했다. 1989년 오타쿠 관련 경제 규모는 2조 엔에 달했는데 이것이 버블 붕괴 이후 더욱 폭발적으로 성장해 2000년에는 12조 엔에 도달했다. 팬시와 아기자기한 물건들로 자기들만의 판타지 같은 세계관을 키워가는 소녀들이 나타났고, 귀엽고 청순하며 야망 없고 해맑은 어린 소녀의 이미지를 상품화하는 '쇼조(소녀) 문화'가 유행했다. 이들을 두고 한때 일본에서는 매우 가부장적 시각을 들이대어 '3단어족'이라고 명명하기도 했다. 어떤 점에 대해서 깊은 생각이나 대화가 불가능하고 이들의 말은 '귀여워(카와이)!', '거짓말(우소)!', '정말(혼또)?'이라는 단 3단어로 이뤄질 정도로 유아화된 언어를 구사한다는 것이다.

버블 붕괴 전후의 극단적인 경제 변화가 일본의 카

와이 문화를 조기에 발현시킨 핵심 요인이 되었다. **버블기의 경제적 풍요는 소비력을 확대시켰고, 버블 붕괴 이후의 좌절감은 심리적 탈출구에 대한 필요성을 자극했다.** 여기에 일본의 역사적·문화적 DNA가 이러한 현상을 더욱 가속화시켰다. 앞서 이야기했듯이 일본은 천여 년 전 고대로부터 '카와이'한 것, 작고 섬세한 것에 대한 각별한 애착을 가져왔다. 고도 경제성장과 버블기의 소비주의와 물신주의, 버블 붕괴 이후 특히 젊은 세대에게 닥친 사회적 좌절 이외에도 이들의 DNA에 새겨진 작고 귀여운 것에 대한 특별한 애정과 취향이 일본에서 가장 먼저 카와이 문화, 귀여움 소비가 부상한 원인이었다고 생각한다.

한편 중국과 한국은 일본보다 약 30년 정도 늦은 경제성장 주기를 겪으면서 유사한 패턴을 보이고 있다. 그러나 디지털 기술의 발달로 인해 문화 확산 속도가 두세 배 이상 빨라졌기 때문에 하나의 문화적 코드가 떠오른 뒤 폭발적으로 성장하는 주기가 압축되었다는 점이 큰 차이점이다.

중국의 경우, 2010년대에 경제적 호황기를 맞이했다. 그러나 2019년 청년 실업률이 21.3%까지 치솟으면서 세대적 좌절감이 커졌고 2021년에는 앞에서 이야기한 '탕핑' 운동이 확산됐다. 이런 말이 나오기도 했다고 한다. "올해 경기는 지난 10년 중 가장 나쁘다. 앞으로 10년 중에선 가장 좋은 해가 될 것이다."[38] 또한 2021년 베이징대 조사에 따르면 20대의 68%가 "부모 세대보다 성공 가능성 낮다"고 응답했다고 한다. 동시에 '멍(萌)' 문화가 부상했다. 웨이보 등 SNS에서는 일부러 귀여운 척하거나 애교 부리는 모습을 드러내는 행동을 '마이멍(賣萌)'한다고 말하는 새로운 표현이 나타나기도 했는데, '마이멍'을 글자 그대로 하면 '귀여움을 판다'는 뜻이다. 1980년대 일본의 전설적 아이돌 마츠다 세이코 특유의 애교 부리는 표정을 '부릿코(ぶりっ子)'라고 불렀던 것이 떠오르기도 한다.

한편 한국에서 귀여움 소비의 상승이 눈에 띄기 시작한 건 2020년 이후다. 기준에 따라 다를 수 있지만 대략 2017~2018년경에 1인당 국민소득 3만 달러를 넘겼다. 흔히 이 지표가 3만 달러를 넘으면 삶의 질을 중시하게 되고, 따라서 라이프스타일에 대한 관심이 높아지며 경험 소비가 부상하는 경향이 나타난다고 한다. 특히 젊은 세대를 중심으로 소유보다 경험, 경험에 돈을 쓰는 경향이 강하다는 이야기를 와글와글하기 시작한 시점을 돌이켜보면 얼추 맞아떨어진다. 이것을 한층 심화시킨 건 **팬데믹 피로와 고착화된 저성장, 경제적 불확실성에 지친 젊은 세대들이 감성적 만족을 주는 소비로 눈을 돌리면서다.** '소소하지만 확실한 행복', '소확행'이 유행한 것 역시 때를 같이한다. 이와 함께 2023년에는 캐릭터 굿즈 시장이 2조 원을 돌파했고, 인형 키링이 유행하고 있으며, 확장되는 '반려' 문화 속에서 과거 애착 인형이라 불렸던 인형이 '반려 인형'으로 거듭나거나, 팬덤 문화 속에서는 아티스트 굿즈 중 하나였던 '최애 인형'이 덕질의 일상화를 이룬 Z세대들에 의해 대세 트렌드로 떠오르는 양상이 나타나고 있다.

그러나 동시에 주택가격 대 소득 비율이 89%에 달하는 등 젊은 세대의 경제적 어려움이 심화되고 있다.

한국의 연간 근로시간은 OECD 가입국들 중 여전히 매우 높은 수준임에도 20~30대가 자가 주택을 가진 비율은 부모 세대 대비 현저하게 낮다. 단적으로 한중일 PIR(Price Income Ratio, 소득 대비 주택가격 비율)을 비교해 보면, 2024년 기준 서울은 25.1배로 가장 높고 지방도 16~17배 수준이며, 베이징 역시 21배로 매우 높은 편이다. 일본은 버블 붕괴 직전 도쿄 지역 맨션(아파트) 기준 약 18배가 정점이었으며 최근에는 약 10배 수준으로 비교적 안정화된 편이다. 여하튼 한중일 중에서도 한국, 특히 서울의 PIR이 매우 높아서 글로벌 도시보다 10년은 더 일해야 집을 마련할 수 있는 상황이다. 앞서 중국의 젊은이들 사이에 유행하는 '탕핑'의 자조적 감성은 한국에서도 그다지 낯설지 않다.

세 국가의 사례에서 공통적으로 발견되는 점은, 경제 호황기에 쌓인 기대감과 붕괴 이후의 세대적 좌절감이 극명하게 대비될 때 귀여움 문화가 폭발적으로 성장한다는 것이다. 특히 국가적으로 이룬 경제성장과 풍요 속에 자라며 **문화적 교양은 높은 수준에 도달해 있고 대중문화의 세례를 흠뻑 받은 젊은 세대가 정**

작 높은 실업률과 실질소득 감소 탓에 풍요의 산물을 넉넉히 누릴 수 없을 때 느끼는 좌절감이 감성적 만족과 위안을 얻기 위한 소비에 한층 몰입하는 경향으로 발전하는 것으로 보인다. 특히 세 국가 공통적으로 경제적 풍요가 일정 수준 달성된 후 자라나 저성장과 침체에 맞닥뜨린 젊은 세대 사이에 어차피 도달할 수 없다면 야망하지 않는 무기력이 차라리 정신 건강에 이롭다는 생각, 차라리 애쓰지 않고 현재에 안주하며 대신 소소한 일상 속에서 작은 행복과 만족감을 놓치지 않는 것이 현명하다는 생각이 확산되는 건 어쩌면 당연한 일이다. 여기에 이들의 일생에서 가장 빛났던 순간, 가장 이상적이고 희망이 있었던 어린 시절에 대한 노스탤지어가 결합해 폭발력과 확산성은 한층 커지게 된다.

결론적으로, **동아시아의 귀여움 문화 부상은 각 국가의 경제적 변화와 세대적 좌절감이 교차하는 지점에서 발생한 현상이다.** 일본, 중국, 한국 모두 경제적 호황기 이후 젊은 세대가 겪는 사회경제적 어려움과 귀여움 문화의 확산이 시기적으로 맞물리는 패턴을 보인다. 이러한 패턴은 단순한 우연이 아니라, 급격한 경제 변화 속에서 젊은 세대가 느끼는 불안과 좌절을 문화적으로 승화시키는 과정으로 볼 수 있다. 귀여움 문화는 이들에게 일종의 심리적 위안과 탈출구 역할을 하며, 동시에 새로운 소비 트렌드를 형성한다. 일본의 선행 경험은 중국과 한국의 현재 상황과 놀랍도록 유사한 양상을 보이며, 이는 동아시아의 세대적·문화적 변화를 관통하는 하나의 흐름으로 볼 수 있다. 이처럼 한중일 3국의 귀여움 문화 부상은 각 국가의 경제적 변화와 세대적 경험이 복합적으로 작용한 결과이며, 경제적 압박과 문화적 반응 사이의 밀접한 관계를 보여주는 흥미로운 사례다.

5장

귀여움의 힘

귀여움이 가능케 하는 것

귀여움이 유발하는
네 가지 반응

　　귀여움이 사람들의 마음과 행동에 미치는 영향을 설명하고자 할 때 흔히 소환되는 것이 '베이비 스키마' 이론이다. 사실 푸바오 신드롬에 대한 논평이나 기사에도 거의 반드시 거론되었다고 해도 과언이 아니다. **베이비 스키마 이론은 1943년에 오스트리아의 동물학자 콘라트 로렌츠가 주장한 것으로, 큰 머리, 높고 튀어나온 이마, 큰 눈, 통통한 뺨, 작은 코와 입, 짧고 두꺼운 팔다리, 통통한 체형 등 유아의 신체적 특징이 인간에게 긍정적인 정서적 반응을 불러일으킨다는 것이다.** 즉, 이러한 생김새는 귀엽거나 껴안고 싶은 것으로 인식되어 다른 개체로부터 보살핌을 받는 행동을 유발한다는 이론이다.

베이비 스키마는 '귀여움'에 대한 가장 고전적인 설명으로 자주 언급되곤 하지만, 앞에서 푸바오 신드롬이나 캐릭터에 대한 열광, 무해함의 용법과 한국인의 귀여움을 구성하는 관념들에 대해 이야기한 것만 보더라도 귀여움의 감정을 유발하는 대상이나 상황이 반드시 아기나 유아 같은 생김새나 행동을 전제하는 것은 아니다. 또한 귀여움의 감정이 반드시 부모다운 양육과 돌봄의 본능만을 자극한다고 보기도 어렵다. 그래서 최근의 연구들은 베이비 스키마 프레임의 유용성을 인정하면서도 귀여움을 구성하는 요소나 이에 대한 사람들의 반응을 규명하는 데에는 불충분하다는 전제에서 출발하는 것들이 많은 편이다. 이와 관련된 최신의 연구[39]에서는 귀여움이 유발하는 감정적 반응을 크게 네 가지로 제시하고 있다.

첫 번째는 돌봄과 보호(Caretaking and Protection)의 반응이다. 이는 귀여움에 대한 가장 두드러진 감정적 반응으로 귀여움이 본능적으로 양육하고 보호하려는 욕구를 불러일으킨다는 것을 의미한다. 이는 베이비 스키마 이론의 설명에 부합하는 결과다. 이 반응은 남녀 모두에게서 나타나지만 여성에게서 약간 더 높은 수준으로 나타난다.

두 번째는 사교와 친교(Socializing and Playfulness)의 반응이다. 귀여움은 사람들과 어울리면서 유대 관계를 맺거나 상호작용하고자 하는 욕구를 불러일으킨다. 귀여운 존재들은 함께 어울리고 싶은 마음이 들게 하고, 이는 귀여움이 유대감과 공동체 의식을 촉진한다는 의미다. 길에서 만난 모르는 아기나 동물에게도 시선이 가고 만지거나 '까꿍'이라도 하면서 가벼운 장난을 치고 싶어 하는 것이라든가 귀여운 아기가 탄 유모차나 강아지가 탄 반려동물용 유모차를 끌고 있는 사람에게 한층 친밀하게 말을 걸게 되는 것이 좋은 사례일 것이다.

세 번째는 기발한 귀여움(Whimsical Cuteness)의 반응이다. 사실 이 반응은 특히 어떻게 설명해야 할지 고심을 했다. 다른 반응들과 달리 'whimsical'이라는 단어 자체가 한국어 독자들이 자연스럽게 받아들일 수 있도록 번역하기가 아무래도 어려워서다. 대체로 '기발한'이 아니면 '익살스런' 정도로 번역을 하는 걸로 보이는데 나는 이 경우에 '기발한' 쪽을 택하기로 했다. 익살스럽다는 건 우스꽝스럽거나 유머러스한 쪽에 가까운데, 여기서 'whimsical'은 꼭 유머러스하거나 장난스러운 것뿐 아니라 엉뚱한 것, 기상천외한 것, 키치적인 느낌의 독특한 것 등을 포괄하는 의미이므로 '기발한' 쪽이 더 어울린다고 봤기 때문이다. 다만 문제는 한국어 독자에게 '기발한 귀여움'이라는 걸 설명만 해서는 모든 이가 동일한 의미로 받아들이긴 어렵다는 것이다. 그래서 다른 반응과 달리 여기서만큼은 설명 대신 그냥 보면 바로 와닿을 수 있도록 '기발한 귀여움'을 적용한 상품들, 실제 판매되고 있는 사례를 제시한다.

1) 누워 있는 슬픈 오리 모양의 무드등: 왠지 우울해 보이는 오리 조명은 실리콘 재질로 은은한 빛을 내지만 30분 후 자동으로 꺼진다. 누르면 쑥 들어가는 스퀴시한 촉감과 왠지 느른하게 늘어져 있는 다리, 약간 황망해 보이기까지 하는 무표정함이 귀엽고 재밌다는 평을 받은 상품이다.

아마존에서 판매 중인 '기발한 귀여움'을 장착한 상품들
ⓒ BuzzFeed[40]

2) 유령 모양의 빨대 커버: 빨대에 벌레나 먼지가 꼬이지 않도
록 씌우는 유령 모양의 빨대 커버다. 이것이 유령 모양이어
야 할 하등의 이유는 없다. 마치 한쪽 끝이 막힌 커버를 만
들려다 보니 '왠지 유령을 닮았네?'라는 상상력이 작용했
을 것만 같다.

3) 농구 바스켓이 달린 머그컵: 코코아에 마시멜로를 넣을 때 조차 유쾌해질 것 같다.

4) 비명 지르는 미니 염소 인형: 이 인형을 누르면 정말 생생한 염소의 비명 소리가 나온다고 한다. 생긴 건 딱히 귀엽지 않지만 허물 없는 사람들이 모인 자리에서 이걸 누른다면 아마도 웃음이 터져 나올 것 같다. 아마존의 상품 소개에서도 파티의 개그 선물, 사무실이나 기숙사 혹은 집에서 히스테리컬한 염소 울음 소리로 유머와 기쁨을 느껴보라고 제안한다.

이 상품들은 모두 미국 쇼핑몰에서 '기발한 귀여움'을 갖춘 상품으로 소개되고 있다. 이걸 이토록 상세히 사례까지 찾아서 설명한 건 나 스스로가 글만으로는 이해가 안 됐기 때문이다…! 하지만 이 정도면 아마도 누구나 기발한 귀여움이 뭔지 이해할 수 있을 거라 믿는다. 결국 귀여움을 느끼게 하는 건 외형만이 아니라는 건 여기서 다시 한번 증명된다. **유쾌하고 장난스러운 감정이 들게 하거나, 뭔가 재미있고 자기도 모르게 웃음이 나며 기분이 전환되는 경험을 하게 해주는 콘셉트나 디자인, 의외의 기능이**

나 독특한 용도까지도 귀엽다는 반응을 불러일으키는 요인인 셈이다. 소품숍이나 기념품 가게, 팝업스토어 등에서 사람들의 손이 가는 상당수의 소품들, 굿즈들은 바로 이 범주의 반응 덕분에 팔려나가고 있다. 단지 재미있고 즐겁다는 이유만으로 말이다.

네 번째는 앞서 언급한 세 가지와 다소 상반되는 것으로, 귀여운 공격성(Cute Aggression)의 반응이다. 앞서 Z세대 설문에서도 귀여움에 대한 감정적 반응 중 하나로 분류한 바 있다. 흥미롭게도 귀여움을 느낀 사람들은 해를 끼칠 의도는 전혀 없지만 그 귀여운 개체를 쥐어짜거나 깨물고 부수거나 심지어 잡아먹고 싶은 압도적 충동을 느끼게 된다. 누구나 알고 있듯이 귀여운 아기를 보면서 '꽉 깨물어주고 싶다'거나 반려견을 보면서 '꼭 껴안아서 팡 터뜨리고 싶다'는 생각을 하게 되지만 그건 그가 특별히 잔혹한 사람이라서가 아니다.

귀여움의 감성이 일으키는 효과 중에서도 '귀여운 공격성'은 매우 흥미로운 현상이다. 이 재밌는 현상은 뇌에서 일어나는 일종의 신경 메커니즘[41]이다. 귀여운 것을 보면 뇌의 보상 시스템이 활성화되면서 기분이 좋아지고 벅차오르는 느낌과 함께 귀여운 대상을 돌보고 싶은 강한 욕구가 생기게 되는데, 이때 긍정적인 감정에 지나치게 압도당하지 않도록 뇌의 특정 신경 반응이 활성화되면서 상반된 욕구인 공격의 충동을 불러일으켜 감정의 균형을 맞추고 조절하도록 돕는다는 것이다. 즉, **귀여움이 극단적으로 느껴질 때 그 감정을 조절하기 위해 반대로 공격성을 보이게 된다는 얘기다.** 귀여움이 일으키는 긍정적 감정의 파도가 워낙 커서 이를 관리하고 균형을 잡기 위한 뇌의 메커니즘이 발동하다니, 그것을 억제하기 위해 뇌신경이 정반대의 모순적인 충동을 일으키기까지 한다는 건 도대체 얼마나 강렬한 감정이라는 것일까? 그렇다면 그건 혹시 귀여움이 지나쳐서 바보 같은 의사 결정을 한다거나, 가령 나 자신의 이익에 반하는 행위를 하지 않도록 뇌가 먼저 나서서 단속을 하는 일종의 방어기제가 아닐까?

한편 귀여운 콘텐츠에 노출되어 유발되는 감정을 '카마 무타(KAMA MUTA)'라고 정의하는 연구[42]도 있다.

'카마 무타'는 영어로 '사랑에 감동하다'라는 뜻의 산스크리트어로 사람들이 공동체적 공유(a Communal Sharing) 관계가 강화될 때 느끼게 되는 마음이 따뜻해지는 느낌, 소속감 등을 말한다. 우리말로는 '가슴이 뭉클하다', '마음이 울린다'와 같은 감정 상태와 유사하다. 사람들이 '카마 무타'를 느끼는 경우는 매우 다양한데, 예를 들면 낭만적인 사랑, 가족 관계, 우정, 팀워크를 경험할 때, 영화를 보거나 시를 읽으면서 감정적 울림을 경험할 때, 혹은 강아지나 새끼 고양이의 이미지에 노출될 때 등이 있다. 이런 순간에 사람들은 일반적으로 눈시울이 붉어진다든가, 가슴에 손을 모아 얹게 된다든가, 따뜻한 말을 하게 되는 등의 신체적·언어적 반응을 동반한다. 즉, 귀여움이 카마 무타의 감정을 불러일으킴으로써 사회적 참여와 공동체적 공유에 보다 긍정적이며 적극적인 태도를 갖게 한다는 것이다.

종합해보면 **귀여움이란 감정은 인간이 공동체를 유지하며 함께 살아가게 해주는 힘을 가졌다.** 귀여움의 자극을 받은 인간은 공동체의 약한 구성원을 보호하고 돌보며, 다른 구성원들과 유대를 맺고 친교적 행동을 하게 된다. 또한 귀여움은 그 존재만으로도 즐겁고 기분 좋은 감정을 갖게 하고 소속감을 통해 서로가 연결된 느낌을 갖게 해준다. 그러니 귀여움은 인간이 정서적으로 건강하게 살아가면서 공동체를 유지하는 데 중요한 역할을 하고 있는 셈이다.

카와이 스파이럴: 귀여움은 전염된다

귀여운 감정을 유발하는 요소나 귀여움이 일으키는 감정적 반응을 해석하는 것이 베이비 스키마와 같은 고전적 설명만으로 불충분하다는 점을 가장 설득력 있게 개념화한 연구로는, 역시 카와이 문화의 종주국인 일본에서 나온 연구 결과들을 들 수 있다. 심리학적 관점에서 카와이의 효과를 과학적으로 탐구한 선구적 연구자로 인정받고 있는 히로시 니토노 교수는 2016년에 발표한 논문[43]을 통해 베이비 스키마가 '카와이' 감정을 유발할 수 있는 많은 요인 중 하나일 뿐이며, 다양한 자극과 감정적 반응을 포함하는 귀여움에 대해 보다 포괄적인 이해가 필요하다는 점을 역설한다. 즉, 큰 머리, 큰 눈, 통통한 볼 등 베이비 스키마로는 설명되지 않는 다양한 카와이를 어떻게 설명해야 할까, 그것이 니토노 교수의 연구의 출발점이다.

그에 따르면 카와이는 대상에 대한 애정에서 비롯된 긍정적인 감정으로, 접근 동기(approach motivation)와 관련이 있다. 그 접근 동기란 대상을 소비하거나 정복하려는 것이 아니라 가까이 다가가서 함께 존재하고자 하는 욕구다. **사람들은 자연스럽게 자신이 카와이라고 인식하는 사물이나 존재를 향해 움직이고 함께하고 싶어 하는 경향이 있다는 것이다.**

또한 이 연구에서는 카와이라는 감정이 아기 같은 생김새나 미소, 둥글둥글한 모양, 특정한 컬러감(대개 파스텔톤) 등의 속성에 의해 자동으로 발휘되는 것이 아니라, 그것을 접한 사람이 '귀여움, 친근함, 무해함, 깜찍함' 등의 감정을 지각하고 인지적으로 판단한 연후에 발현되는 것이라고 주장한다. 정리하면 카와이는 대상의 생김새 등 외형적 속성이 반사적으로 불러오는 감정이 아니라, 그걸 접한 사람의 상황이나 개인적 경험에 따라 유발될 수도, 그렇지 않을 수도 있다. 다시 말해 같은 대상을 보고도 누군가는 귀엽다고 느끼고 다른 누군가는 그렇지 않다는 얘기인데, 한마디로 **카와이라는 감정은 매우 개인적이고 주관적이라는 뜻이다.** 푸바오를 누군가는 매우 귀엽다고 느끼지만 또 다른 누군가는 왜 판다곰 한 마리에게 그토록 열광하는지 모르겠다고 하는 차이가 나타나는 것이 단적인 사례다.

니토노는 카와이가 일으키는 주관적·행동적·생리적 영향을 네 가지로 정리한다. **첫 번째로 귀여움은 귀여움을 느끼는 사람의 관심과 흥미를 끈다**(Draws attention and interest)**는 점이다.** 카와이의 대상은 우선 시각적으로 주의를 끈다. 예를 들어 아기나 귀여운 동물의 얼굴은 시선을 집중시키며, 사람들은 귀여운 이미지를 더 오랜 시간 동안 바라보는 경향이 있다. 이는 과자나 액세서리 같은 사물에도 적용되며, **귀여운 요소들은 단순한 관심을 넘어 시각적 주목성을 높이는 강력한 도구로 작용한다.** 매장에서 제품의 기능만 정확히 적은 POP 물보다는 귀여운 캐릭터의 이미지를 곁들일 경우 한층 주의를 끌고 선택받을 가능성이 높다고 한다.

두 번째는 긍정적인 감정을 유발한다(Induces positive feelings)
는 점이다. 귀여운 대상을 보면 자연스럽게 긍정적인 감
정이 생겨나고 이로 인해 관찰자의 안면 근육이 활성화
되어 저절로 미소를 띠게 된다. 귀여운 것을 볼 때 수의
근인 입꼬리가 마치 불수의근처럼 멋대로 움직여 씨익
올라가는 이유가 여기서 설명된다. 이 효과는 아기나 어
린 동물뿐만 아니라 베이비 스키마를 닮은 물체, 예를
들면 눈처럼 여겨지는 헤드라이트가 큰 자동차 같은
사물에 의해서도 유발된다. 귀여운 이미지는 심박수와
호흡률을 약간 증가시키기도 한다. 귀여운 것을 보았을
때 '심쿵한다'는 표현은 단순히 관용구가 아니라 생리
적 반응인 모양이다.

세 번째는 주의를 기울이게 하고 집중하게 만든다(Increases
carefulness and narrows the focus of attention)**는 점이다.** 귀여운
이미지, 특히 아기 동물의 사진을 보면 사람들은 더 세
심하게 행동하게 되고, 디테일에 집중하는 능력이 향상
된다. 이는 귀여운 대상을 보면 그 대상을 더 가까이하

고 싶고 더 알고 싶어지는 접근 동기가 작용하기 때문이다. 어떤 대상에 몰입하며 덕질하는 사람들, 푸바오나 아이돌 팬덤에 속한 사람들이 대상의 사진이나 영상을 하나하나 주의깊게 보면서 사랑하지 않는 사람들은 도저히 잡아내기 어려운 디테일에서 귀엽고 사랑스러운 포인트를 발견해내는 것이 이 효과로 설명된다. 이 집중력 증진 효과는 주로 친사회적 성향이 강한 여성들에게서 더 두드러지게 나타난다고 한다.

네 번째는 사람들의 상호 관계를 개선한다(Improves interpersonal relationships)는 점이다. 아기나 반려동물 등의 귀여운 대상은 사람들 사이의 사회적 행동에 긍정적인 영향을 미친다. 예를 들어, 쇼핑몰에서 아기나 강아지 사진을 인터뷰 테이블에 놓으면 사람들이 더 기꺼이 설문에 응하는 경향이 있으며, 개와 함께 있으면 도움을 받을 확률이 높아진다고 한다. 아파트 엘리베이터에서 만나는 이웃들과 평소라면 가벼운 목례 정도만 나누거나 그마저도 없을 때가 많지만 강아지를 산책시키느라 함께 있는 날은 미소를 지으며 한결 친근하게 말을 걸고 대답

하게 되는 것 역시 귀여움의 효과일 것이다. 또한 귀엽
게 의인화된 일러스트와 함께 환경보호 메시지가 적힌
쓰레기통은 사람들의 협조성을 한층 높이는 것으로 나
타난다고 한다. 결국 이런 **카와이 효과의 이론들은 의인화 인
식을 돕는 눈 모양을 붙인다거나 귀여운 캐릭터를 곁들이는 행위가
참여와 협조를 높이는 데 도움이 된다는 점에서 카와이 요소를 활
용하는 마케팅에 실질적인 근거를 제시한다.**

　　또 하나 흥미로운 주장은 '카와이 스파이럴(Kawaii
Spiral)'과 '카와이 트라이앵글(Kawaii Triangle)'이라고
명명된 카와이라는 감정의 사회적 효과에 대한 이론이
다. 카와이 스파이럴은 **카와이의 감정이 사람들 사이에서 긍
정적인 피드백 루프를 생성하는 과정**을 가리킨다. 누군가가
'카와이'하다고 느끼고 미소를 짓게 되면, 다른 사람은
그 미소를 보고 역시 '카와이'하게 인식하며, 다시 미소
로 반응하는 수가 많다. 귀여운 것을 보면 자동으로 안
면 근육이 움직여 웃는 얼굴이 된다는 건 이미 앞에서
언급했다. 순수한 기쁨으로 유발된 자연스러운 미소는
카와이의 감정이 드러나는 중요한 요소 중 하나다. 이처

럼 **서로가 카와이의 감정을 공유하면서 미소와 긍정적인 감정이 상호 증폭되는 것이** 카와이 스파이럴이다. 이는 카와이가 단순한 개인의 감정 반응이 아니라, 사회적 상호작용을 통해 확산될 수 있다는 것을 보여준다.

카와이 스파이럴

카와이 트라이앵글

카와이의 사회적 효과
ⓒ 니토노(2016)

카와이 트라이앵글은 카와이 스파이럴이 확장된 개념이다. 그림에서 보는 것처럼 두 사람 외에 귀여움의 대상이 등장한다. 예를 들어, 두 사람이 동일하게 귀여운 인형이나 아기, 어린 동물 등을 보면서 그것을 '카와이'하다고 느낄 때, **이 귀여운 대상이 두 사람 사이의 매개체** 역할을 한다. 같은 귀여운 대상을 보면서 함께 그것을 귀엽다고 느낄 때, 사람들은 그 대상을 매개로 더 강하게 연결되고, 사회적 유대가 강화된다.

귀여움의 자극은 처음 보는 사람과도 경계를 허물고 스스럼없이 대화를 주고받을 수 있게 만드는 효과가 있다. 반려견과 함께 혹은 아기를 태운 유모차를 끌고 공원을 산책할 때나 쇼핑몰을 돌아다닐 때, 혹은 엘리베이터에 단둘이 타서 어색하기 짝이 없는 상황 속에서도 강아지나 아기의 존재는 마음의 벽을 허물고 웃으면서 환담을 나누는 매개가 되곤 한다. **귀여움의 대상을 마주한 사람들은 확실히 마음이 누그러지고 즐거운 기분이 되어 한층 사회적이고 다정한 행동을 하게 된다.**

에버랜드 판다월드에 줄을 서서 판다 가족들을 보러 들어가는 사람들에게서도 비슷한 현상이 나타난다. 이들은 처음 보는 사람들이면서도 서로 막연한 친근감을 갖는다. 다른 어트랙션을 위해 기다리는 상황과 달리 판다를 보기 위해 몇 시간씩 기꺼이 줄을 서는 사람들은 대부분 푸바오와 바오패밀리에게 매료된 사람들이라는 걸 알기 때문이다. 그래서 서로에게 더욱 친밀하고 친절한 태도를 보이게 된다. 푸바오의 귀여움을 통해 연결된 감정을 느껴서다. 이렇게 **귀여운 대상은 사회적 상호 작용에서 사람들 간의 관계 형성을 돕는 연결 고리**로 작용한다. 카와이의 감정이 이심전심, 서로에게 전해지면서 감정 은 한층 증폭된다. 이렇게 카와이의 감정은 사회적 상 황에서 나선형(spiral)으로 확산되며 행복을 더해간다. 카와이 스파이럴과 카와이 트라이앵글, 두 개념은 카와 이가 단순한 미학적 선호를 넘어서 사람들 간의 관계와 사회적 유대를 강화하는 중요한 정서적·사회적 기능을 지니고 있음을 강조한다.

도파민의 시대에
절실한 세로토닌의 힘

2023년 가장 유행한 말 중 하나는 단연 '도파민'이었다. 특히 콘텐츠의 재미를 평가하는 말로 많이 쓰였다. 원초적이고 자극적인 즐거움을 두고 온라인 상에서 '도파민 터진다', '도파민 싹 돈다', '도파민 폭발' 등의 표현이 자주 쓰이다가 그해의 트렌드 키워드로도 다수 언급되었으며 자극 중독 시대를 역설하는 사례로도 여러 번 제시된 바 있다. 도파민이 터지는 콘텐츠의 최고봉으로 일컬어지는 〈나는 SOLO〉를 비롯해 마라탕, 탕후루 등 극단적인 맛들, 이야기의 기승전결을 더 이상 기다릴 수 없는 사람들이 몇 초 내로 본론이 나오는 숏폼 중심의 콘텐츠 소비 행태는 모두 비슷한 맥락에 놓여 있는 현상들이다. 요컨대 아주 즉각적이고 강렬한 자극이 즐거움과 쾌락의 감정을 솟구치게 만들고 한 번 자극과 쾌락의 극치를 경험한 후에는 그 임계치에 미치지 못하는 것은 시시하게 여기게 된다는 것이다.

도파민이 자극적 쾌락의 대명사가 되었지만 사실 도파민은 신경전달물질의 일종으로 없어서는 안 될 중요한 호르몬이다. 도파민은 '보상'과 깊은 관계가 있다. 뭔가 달성했을 때 느끼는 기쁨, 승리의 쾌감, 그리고 "아, 내가 해냈어!"라고 외치고 싶을 때 바로 이 도파민이 뇌에서 분비된다. 예를 들어, 새로운 목표를 설정하고 그 목표를 달성하기 위해 달려갈 때, 그 과정에서 도파민이 동기부여를 해준다. 마치 게임에서 레벨을 올릴 때마다 쾌감을 느끼는 것처럼, 도파민은 작은 성공의 순간을 강화시켜 더 많은 보상을 추구하도록 만든다. 그래서 도파민이 부족하면 동기부여가 떨어지고, 쉽게 포기할 수 있다. 하지만 반대로 도파민이 너무 많이 분비되면 계속해서 더 큰 보상을 찾게 되는데, 이는 때로는 중독이나 충동적인 행동을 유발할 수도 있다. **도파민은 단기**

적인 보상이나 성취와 관련이 깊다.

　그런데 도파민과 반대의 역할을 하는 신경전달물질로 '세로토닌'이 있다. **세로토닌은 장기적인 만족과 기분의 안정성에 영향을 주는 호르몬으로, 즉각적인 보상이나 쾌락보다는 차분하고 안정적인 행복을 유지하는 데 중요한 역할을 한다.** 산책을 하거나 좋아하는 음악을 들으면서 느끼는 평온한 감정이 바로 세로토닌 덕분이다.

　세로토닌은 감정의 파도를 잔잔하게 해주는 역할을 한다. 그래서 세로토닌이 충분하면 마음이 안정되고, 신경이 곤두서지 않으며, 사람들과의 관계에서도 부드럽게 소통할 수 있다. 즉, 세로토닌은 사회적 행동, 공감, 신뢰감과 관련이 있다. 하지만 세로토닌이 부족하면 불안감이 커지고, 쉽게 짜증이 나거나 우울감을 느낄 수 있는 것으로 알려져 있다. 그래서 도파민이 더 좋고 세로토닌이 더 나쁜 것이 아니라 균형을 이루는 것이 중요하다. 도파민은 **즉각적인 보상과 동기부여**에 영향을 주는 반면, 세로토닌은 **지속적인 기분 안정**에 영향을 준다. 도파민은 목표 지향적인 행동과 관련이 깊고, 세로토닌은 사회적 관계와 전반적인 감정 상태를 조절하는 데 더 관련이 있다. 도파민이 너무 많아지면 계속해서 즉각적인 보상만을 찾게 되고, 세로토닌이 너무 적으면 장기적인 행복감을 느끼기 어려워진다.

그러한 관점에서 강렬한 자극과 쾌락을 찾는 행태와 무해한 귀여움에 대한 열광이 공존하는 세태를 떠올리지 않을 수 없다. 귀여움의 감성은 세로토닌의 작용과 관련이 있어 보인다. 다시 한번 푸바오에 대해 사람들이 하는 말을 소환해보자. 아래는 푸바오의 팬들이 푸바오로부터 어떤 감성적 혜택을 얻었는지 이야기한 게시글에서 빈번하게 나타나는 내용들을 발췌한 것이다.

"마음이 소란스럽고 울적할 때 유난히 푸바오에게 위안을 받았다."

"푸바오 사진 보며 종종 힐링해야징…"

"내가 푸바오로 얼마나 위로를 받았는데… 가지 마ㅠㅠ"

"보는 것 자체로도 그냥 행복해짐"

"이모는 너의 귀여움에 몸서리치게 행복하구나"

이처럼 푸바오의 귀여움에 매료된 사람들은 행복과 힐링, 위로받는 기분을 느끼고 있음을 고백하고 있다. 성취감이나 자극적인 즐거움으로부터 얻는 순간적이고 강렬한 재미, 도파민이 분출되는 듯한 기분과는 다른 종류의 감정이다.

이것은 긍정적이고 따뜻하며 안정적인 감각이다. 또한 이런 감정을 느낄 때 사람들은 **귀여움의 대상 혹은 그 귀여움에 공감하는 다른 사람들과 연결돼 있는 감각, 유대감을 느끼고 그로부터 위로를 얻는다.** 그래서 귀여움에 매료된 사람들이 고백하는 정서적 효용에서는 위안, 힐링, 대가를 치르지 않는 평온한 행복감 등이 두드러진다. **도파민이 터지는 쾌락적 즐거움에 열광하는 시대에 한편으로는 귀여움이 각광받는 건 마치 안정된 삶을 위해 도파민과 세로토닌이 균형을 이뤄야 하는 것과도 유사하다.**

낯선 것을 받아들이게 하는 귀여움

AI와 로봇이 일상 속에 함께하는 세상은 이미 성큼 다가와 있다. 2024년엔 버추얼 아이돌 그룹이 잠실 실내체육관이라는 실제 공간에서 연 콘서트가 전석 매진되었고, 1968년에 데뷔한 가왕 조용필이 정규 20집 발매와 함께 내놓은 뮤직 비디오는 〈괴물〉, 〈부산행〉 등 과거 영화에 이질감 없이 현재 시점의 배우를 합성한 장면이 들어갔다. KBS는 AI 음성 기술을 활용해서 AI 가수와 진짜 가수를 찾아내는 콘셉트의 프로그램 〈싱크로유〉를 방영하기도 했다. 제주도청은 AI 아나운서를 도입했는데 유심히 보지 않으면 영락없이 사람 아나운서다. GS25는 피자 만드는 로봇, 라떼아트 하는 로봇,

아이스크림 만들어주는 로봇 등 스마트 기술 기반의 미래형 매장을 론칭하기도 했다.

온라인 세상이야 이미 익숙하지만, AI와 로봇은 진짜와 가상, 인간과 로봇 사이의 경계를 허물고 일상에 녹아드는 중이다. 하지만 이런 기술이 거저 주어지는 건 아니다. 편리해 보이는 기술 이면에는 언제나 사람의 노동이 있고, AI 챗봇 상담을 일찌감치 도입한 금융회사들은 인간 상담사들의 고용 문제와 AI 챗봇 상담에 대한 고객 불만족에 직면하기도 했다. 새로운 기술이 낯선 방식으로 일상에 끼어들 때 사람들이 느끼는 거부감은 언제나 가장 큰 딜레마다.

그런 면에서 **기업이 귀여움을 활용하고자 할 때 가장 유용한 지점은 아마도 낯선 것이나 새로운 제품을 거부감 없이 받아들이게 만드는 힘이 아닐까 생각한다.** 귀여움은 행복함, 가까이하고 싶은 마음, 보호하고 싶은 마음을 활성화한다. 그렇다면 낯선 기술이 그런 귀여움의 얼굴을 입었을 땐 어떤 일이 일어날까?

2025년 1월 CES에서 가장 인상 깊게 본 건 중국

TCL전자의 AI 반려 로봇 '에이미(Ai Me)'였다. 에이미
는 약 50cm 크기의 아기 올빼미를 연상시키는 외형으
로, 디지털 디스플레이로 된 눈이 깜빡이며 감정을 표
현하고 작은 팔을 파닥파닥 움직이는 사랑스런 아기 로
봇이다. 에이미는 생성형 AI를 탑재해 아이들과 대화하
며 놀아주거나 학습을 도와주고, 머리에 장착된 카메라
로 아이들의 특별한 순간을 촬영해 AI로 편집된 영상
을 만들어낸다. 다른 스마트 기기와 연결하면 스마트홈
제어 센터가 된다.

　그 밖에 여러 가지 기능과 특징이 있다고는 하지만,

반려 로봇 '에이미'
ⓒ TCL전자

이 아이를 보면 기능은 아무래도 좋다는 생각이 들 정도로 우선 귀엽다. 실제 **귀여움은 낯선 기술이 적용된 상품을 접할 때 소비자의 생소함을 해소하고 구매 의도를 높인다**는 연구 결과[44]가 있다. 알렉사 같은 AI 음성 어시스턴트 기기의 디자인을 변수로 놓고 실험한 결과, 큰 눈, 둔중한 몸체, 뭉툭한 팔다리 등 베이비 스키마에 부합하는 생김새가 인간에게 가장 호의적인 정서적 반응을 불러일으킨다고 한다. 특히 귀여운 동물(실제 동물이건 상상의 동물이건)의 형태가 사람들의 부정적 연상을 예방하고 구매 의도를 촉진하는 데 가장 효과적이었다는 결론이다.

초등학교 2학년 때 과학 글짓기 대회에서 '하인 로봇'이라는 제목의 산문을 써서 상을 받은 적이 있다. 아홉 살 때 상상했던 하인 로봇의 형태는 누구나 로봇이라고 하면 떠올리는 안드로이드형 로봇이었다. 숙제도 대신 해주고 책가방도 대신 싸주고 온갖 귀찮은 것들을 대신 해주는 로봇. 상상은 했으나 막상 그렇게 생긴 로봇과 함께 살라고 한다면 받아들이기가 쉽지는 않았을 것 같다. 하지만 에이미처럼 생긴 로봇이라면 지금이라도 당장 집에 데려가고 싶은 마음이 든다.

　못난이 채소나 곤충 식품 등 일종의 기피 식품이나 재료를 활용한 상품에 대해서도 귀여움이 수용도를 높인다고 한다. 요즘은 소비심리가 잔뜩 위축된 탓에 소비자들이 기꺼이 조금 저렴하게 판매하는 못난이 채소를 찾아다니는 형편이지만, 그렇지 않았던 호시절이라고 가정해본다면 굳이 못생기거나 혐오 재료가 사용된 상품을 허용할 이유는 없다. 그러나 앞서 이야기한 '기발한 귀여움'의 요소들, 물론 여기엔 생김새보다는 기획력과 상상력의 힘이 더 작용하는 걸로 보이긴 하지만, 그런 요소들이 소비자의 구매 의도를 확실히 높인다는 것이다. 이처럼 **귀여움은 생소함에 대한 낯섦, 결함에 대한 예민함을 누그러뜨린다. 그래서 귀여움은 낯선 것을 제안할 때 강력한 힘을 발휘한다.**

6장

귀여움은 왜?

하필, 지금, 대체 왜?

일상의 소중함: 불안으로부터의 도피

요즘같이 세상 돌아가는 게 심란할 땐 우리 집 강아지를 본다. 그것도 모자라 유튜브를 통해 에버랜드 판다 가족들도 보고, 남의 집 강아지랑 고양이도 본다. 그러다 자연스럽게 알고리즘을 타고 올라온 남의 나라 유튜버의 소소한 일상을 구경한다. 물을 끓여 차를 우리고 창문을 열고 청소를 하고 강아지랑 잠시 놀아주다가 다 마른 빨랫감을 걷어 와서 탁탁 펴서 개키고…. 정갈하고 깔끔하게 남이 살림하는 모습까지 보고 나면 마음이 편안해진다. 뭔가 더 해야 한다는 생각 없이 그냥 지금 이대로. 이런 평화롭고 소소한 일상이 이대로 쭉 가기를.

곰인형이 제1, 2차 세계대전을 거치며 편안하고 안전한 감각을 상징하는 물건이 된 사연도 비슷한 맥락이 아닐까. 전쟁의 공포와 경제 불황의 고통이 전 세계를 휩쓸었던 시기, 어린이들이 꼭 끌어안고 잠을 청하고 군대에 징집된 사람들이 집을 떠올리며 간직했던 곰인형은 잃어버린 일상의 평온함을 귀여운 생김새와 포근한 촉감으로 대신했을 것이다. 그리고 100여 년이 지난 지금까지 곰인형은 평화로움과 무해함의 상징으로 남았다.

최근 귀여움의 인기가 급격히 상승한 배경에서 비슷한 맥락을 발견한다. **팬데믹 시기 경험한 일상의 무너짐, 그리고 그 이후 계속되고 있는 급격한 기술 변화, 경제적 불확실성으로 초래되는 불안함이 귀여움의 부상을 부채질했다.** 불확실성만큼 사람을 초조하고 힘들게 하는 것은 없다. 그런 와중에 평온과 안정을 얻기 위해서는 시야를 좁혀야 한다. 작고 귀여운 것을 곁에 들이고 사소한 일에 몰두하면서 매일의 일상이 편안하게, 별일 없이 유지되는 것에만 관심을 두고 최선의 노력을 기울이다 보면 세상의 소란스러움도 어느 순간 잠잠해지면서 들리지 않게 된다. 생존이 최우선 과제가 된 상황에서 먹고 놀고 자는 일상의 순간순간의 소중함과 즐거움을 더 부각하고 생생하게 느끼고자 하는 욕구가 발현된다.

일상을 소중하게 여긴다는 건 어쩌면 변화를 원치 않는다는 말과 다르지 않은 것 같다. 과거는 기억 속에만 존재하고, 그렇기 때문에 언제나 미화된다. 특별히 불우하지 않았다면 대체로 어린 시절은 그립고 돌아가고 싶은 시기다. **어릴 적 좋아했던 것들, 어릴 때 좋아했을 법한 것들에 매료된 '어른이들'의 소비에는 이제 다시 돌아갈 수 없는 세계에 대한 향수, 소소한 일상의 즐거움에 대한 갈망이 저변에 깔려 있음을 느낀다.**

일상에 대해 생각할 때 함께 떠올리는 희곡 작품의 한 장면이 있다. 일상의 소중함과 삶의 본질을 담담히 그려내는 손튼 와일더의 희곡 「우리 동네(Our town)」의 마지막 장면에서 세상을 떠난 주인공 에밀리는 생전에 자신이 좋아하는 것들을 나열하며 일상의 사소한 것들이 얼마나 소중했는지를 다시금 회상한다.

"나는 몰랐어요. 이 모든 일이 일어나고 있었는데도 우리는 알아채지 못했어요. 저를 다시 데려가 주세요, 언덕 위 제 무덤으로요. 하지만 잠깐만요! 한 번만 더 보고 싶어요… 잘 있어요, 잘 있어요, 세상이여. 잘 있어요, 그로버스 코너.[45]… 그리고 엄마, 아빠. 잘 있어요, 시계의 째깍거림… 엄마의 해바라기. 음식과 커피. 새로 다림질한 드레스와 따뜻한 목욕물… 그리고 잠드는 것과 깨어나는 것. 아, 세상은 너무나도 아름다워서 누구도 그걸 완전히 깨닫지 못해요."

　일상을 소중히 한다는 건 사소한 것을 소중하게 여기는 것, 대단히 생산적이거나 효율적이지 않아도 된다. 매일 반복하는 일들, 매일 마주하는 것들을 편안하고 쾌적하게 하면서 좋은 기분을 유지하는 것, 일상 속에서 얻는 소소한 즐거움이란 오히려 생산성이나 효율성이 낮을수록 만족감이 커진다. **쓸모는 없지만 귀여운 것들을 사랑하고 곁에 두려하는 건 세상의 혼란스러움으로부터 나 자신을 지키고 피폐해진 정서를 치유하려는 일종의 자기방어 기제의 일환일 수 있다.**

　무해하고 하찮은 것들에 대한 애정은 나를 해칠 수

있는 위협적 환경이나 관계를 차단하고, 미화된 기억
속에서 작은 행복을 누렸던 시절로 회귀하려는 관성을
낳는다. 깊이 생각하지 말고 편하게, 고민하지 말고 그
냥 행복하게. 먼작귀, 망그러진 곰, 최고심의 세계가 그
렇다. 비록 대단하지 않으나 평화롭다. 약간의 고단함
이 있으나 위험하거나 피폐하지는 않다. 여기에 시선을
두고 있는 한 세상은 아직 안전하다는 느낌이 든다. 결
국 귀여운 것을 보거나 곁에 두고 혹은 지니고 다니는
효용은 분명하다. 행복하고 아늑한 기분, 힐링의 감정을
느끼는 것.

> "귀여운 건 계속 보고 싶고 생각나고 봐도봐도 기분이 좋아지
> 는 감정이 드는 것 같아요." (만 25세, 여성)

> "힘들 때 귀여운 거 보면 힐링되는 것 같다. 가방에 키링 달고
> 다니는 것도 이 심리인 것 같다." (만 24세, 여성)

온 나라가, 아니 온 세계가 폭력과 무질서와 불황의
그림자로 얼룩질수록, 그래서 불안과 불면이 계속될수

록 저 작고 귀엽고 무해한 것들이 상징하는 아늑하고 평온한 일상에 대한 갈망은 커질 수밖에 없다. **귀여움은 현실의 삭막함으로부터 도피하려는 일종의 퇴행적 감정이며 평화롭고 무해한 일상에 대한 동경이 불러일으키는 감정이기 때문이다.**

귀여움 소비의 기표: 행복한 약자

　　세기말 감성이 충만했던 1999년, 이대 앞에 스타벅스 1호점이 생겼다. 지금은 남자나 여자나 식후에 당연하게 마시고들 있지만 당시엔 '밥보다 비싼 커피'와 이것을 기꺼이 사 마시는 여성들을 '된장녀'라고 폄하하는 말이 나오는 등 한동안 꽤나 논쟁적인 상품이었다. 그걸 사 마시는 사람들을 비판하는 논리를 한 줄로 요약하자면, '분수에 맞지 않게 서양 문화로 사치하는 허영심'이라는 거였다. 커피점의 커피 한 잔이 사치와 허영의 기표로 작용했던 시절이었다. 물론 그것을 사 마시는 사람들에게는 새로운 문화이고 기호이며, 밥보다 더 가치를 두는 것에 밥값 이상의 돈을 투자할 수 있는 사람이라는 일종의 선진적 취향이나 성향을 드러내는 기표로 통용됐다. 한때 아메리카노는 가치 소비의 가장 쉬운 상징이었다.

그로부터 25년이 흘렀다. 이제는 한 끼 밥값이 아메리카노 한 잔 값을 제쳤고 식후에 아메리카노를 마시는 습관에 대해 아무도 이상하게 여기지 않는다. 16년 전 결혼 초만 해도 아메리카노가 써서 못 드시겠다던 시어머니는 이제 설탕 넣지 않은 아메리카노를 꼭 챙겨 드신다. 20대도 70대도 식후에는 무조건 아메리카노다.

이런 사례를 떠올리면서 귀엽지만 쓸모없는 물건을 사들이는 행태에 대해 생각했다. 소비는 스스로 자신을 어떻게 규정하는지에 대한 판단의 일부이며, 단순히 눈에 보이는 것보다 훨씬 더 깊은 의미에서 어떤 신호를 보내는 표지다.[46] 신분과 계급이 존재했던 시절에도, 그것이 없어진 현재도 사람들은 소비를 통해 자신의 지위나 위치를 드러내려고 한다. 25년 전 아메리카노와 마찬가지로 귀여움 소비를 하는 사람들에게도 그런 것이 있다. 물론 대부분 자기만족에서 의식적인 이유를 찾겠지만, **귀여운 물건을 사거나 지니거나 달고 다니는 것은 보는 사람들에게 선호와 취향의 문제를 넘어서 비언어적 메시지를 발신한다.** 귀여움 소비를 통해 드러내고자 하는 이미지 말이다.

그것은 예를 들면 이런 것이다. 귀여운 것을 달고 다니고 그런 것에 열광한다는 건, 나는 평화롭고 소소한 일상을 누리고 있으며 충분히 그럴 만한 여유가 있고 긍정적이며 선량하다는 뜻이다. 구김이 없고 해맑은 성품의 소유자로 위험한 야망 같은 것은 없는 사람이라는 의미도 있다. 즉, **경제적 안정과 물질적으로 충족된 환경에서 적절한 문화생활을 영위하며 안전하고 안락한 삶을 누려왔음을 드러내는 것이다.** 그런 맥락에서 귀여움의 문화는 쁘띠부르주아적 생활, 소소하지만 여유를 즐기는 생활방식과 함께 확산되기 시작했으며 여유로운 생활방식을 과시적으로 SNS에 드러내는 행태와 관련이 있다는 분석도 있다.[47] 쓸모는 없지만 귀엽기만 한 것을 사들이려면 적어도 쓸모 있는 것, 필수적인 것은 이미 충족된 상태여야 한다. 이는 영 리치 셀럽들이 고전적인 명품 백에 앙증맞은 인형 키링을 달아놓음으로써 발신하는 메시지와도 유사한 면이 있다. 명품 백은 그들이 가진 부와 명예를, 인형 키링은 그럼에도 여전히 나이에 걸맞은 천진하고 순수한 마음을 가졌음을 드러낸다.

귀여움을 소비하면서 평화로움과 안전감, 계산하지 않는 순수함, 즐거움과 행복감을 느끼듯이, 스스로 그러한 성질을 가진 사람이라는 확신을 주는 것은 팬데믹 이후 더욱 부상한 일상의 소중함, 사소한 행복을 소중히 여기는 마음을 충족시키고, 외부적으로는 자신이 위험하거나 위태롭지 않으며 온순하며 작은 행복을 추구하는 안전한 사람이라는 걸 드러내는 효과를 얻는다.

귀여움 소비가 이런 비언어적 메시지를 내포하는 건 귀여움이 보호받는 약자에 대한 감정이어서다. 귀엽고 어린 존재는 기꺼이 강자의 보호 아래서 사육되고 길들여지면서 보호자가 조성한 환경 안에 온순하게 안주한다. **반려동물, 반려식물 등 '반려'라는 관계가 '거절당하지 않는 애착 관계', '통제 가능하고 마음 편한 관계'로 부상하는 것도 같은 맥락에서다. 귀엽고 연약한 존재를 나의 보호 하에 두고 거절당할 염려가 없는 애정을 쏟으면서 만족감을 얻는 관계이기 때문이다.** 이걸 역으로 돌려놓으면 귀여움 소비를 통해 외부에 드러내고자 하는 이미지가 무엇인지 한층 명확해진다. 보기 좋고 마음이 편하고 위험하지 않은 존재, 선하고 다가가고 싶은 존재가 되고자 하는 것이다. 상대적으로 여성들이 귀여움 소비에 관대한 것은 귀여움이 환기하는 돌봄과 보호의 반응 이외에도, 그러한 이미지를 갖는 것이 여성에게는 일종의 사회적 전략이나 무기가 되는 경우가 자주 있어서일 것이다.

키덜트의 탄생: 지연된 유년기와 노스탤지어

　　귀여움의 감정은 보편성을 띠는 것이지만, 소비문화 속에서 귀여움을 추구하는 행동은 X세대 이하 밀레니얼과 Z세대에게서 두드러지게 나타난다. 그 원인을 이들 세대의 문화자본의 차이에서 발견할 수 있다. 문화자본이란 프랑스 사회학자 피에르 부르디외가 만든 개념으로, 현금이나 부동산 같은 유형의 자본과 달리 취향, 취미, 학력, 태도 등 무형의 형태를 띠면서 계급을 구분 짓는 자본을 말한다. 좀 더 간단히 요약하면 사람들이 성장하면서 습득하는 문화적 경험과 취향 같은 거라고 말할 수 있겠다. **각 세대는 저마다의 환경 속에서 문화자본을 형성하는데, X세대 이하 세대들은 대중문화의 세례를 받으**

며 이전 세대와는 다른 문화적 토대를 형성했다.

이들은 대중문화를 자유롭게 향유하며 개인주의적 가치관을 형성했고, 민주화 이후 교육을 받으며 개인의 개성과 취향을 존중하는 태도를 길러왔다. 이전 세대가 기능적 소비와 실용성을 중시했다면, X세대 이후 세대들은 자신의 정체성과 감성을 표현하는 소비를 자연스럽게 받아들인다. 특히 성장 과정에서 애니메이션, 게임, 캐릭터 상품 등 다양한 대중문화 콘텐츠를 접하면서 이에 대한 친숙함을 문화적 기반으로 내면화했다.

성장기에 풍부한 대중문화를 경험한 덕분에 X세대 이하 세대들은 누구나 키덜트가 될 소지를 갖고 있다. 어린 시절 즐겼던 캐릭터나 콘텐츠에 대한 향수가 있어서다. 어린이부터 성인까지 포켓몬빵에 열광했던 사례, 〈슬램덩크: 더 퍼스트〉가 개봉했을 때 청소년기에 열광했던 콘텐츠를 부모와 자녀와 함께 보러 갔던 기억, 디즈니와 닌텐도에 아빠와 아들이 함께 열광하는 모습 등. 이들에게 귀여운 캐릭터 상품을 구매하거나 어릴 적 좋아했던 만화를 다시 보는 일은 특별할 것 없는 일상이다. 여기엔 키

덜트에게 보다 관대해진 사회 분위기도 한몫을 하고 있
다. 캐릭터나 인형 같은 것이 어린이의 전유물이 아니며
성인이 되어서도 얼마든지 귀여워하는 것을 사거나 달
고 다녀도 된다는 허용의 분위기 말이다.

이러한 배경에서 '귀여움' 소비가 부상한 데는 몇 가
지 요인이 작용했다. **첫 번째는 지연된 유년기다. X세대 이후
세대들은 과거보다 경제적·사회적 성숙이 늦어지는 경향이 있다.**
특히 X세대는 개인주의를 중심으로 새로운 문화적 정
체성을 형성한 첫 세대로, 가정을 꾸린 이후에는 개인
주의를 가족 중심적 가치관으로 진화시켰다. 이들은 자
신들의 권위적인 부모들과는 완전히 다른, 최초의 친구
같은 부모가 되어 자녀와 한층 친밀한 관계를 형성했
다. 대신에 이들은 반항적이던 자신들의 청년기와 달리
자녀들을 더 오래, 더 과하게 보호하고 더 많은 부분에
관여한다. 동시에 이들의 자녀들은 사회적으로도 학업
경쟁과 취업난 속에서 더 오랜 기간 사회적 책임을 유
예받으며 자라고, 독립과 결혼이 늦어지다 보니 부모의
보살핌을 받는 기간도 길어졌다.

　　이런 환경에서 여전히 어린 자녀처럼 취급받거나 스스로도 그런 역할을 내면화하게 된 세대들은 성인이 된 이후에도 어린 시절의 감성을 지속적으로 소비하는 경향이 있다. 또한 교육 환경에서도 자기긍정과 자기애를 강조하는 방향으로 교육 기조가 바뀌었고, 이는 '꿈을 가져야 한다', '하고 싶은 일을 하는 것이 중요하다'는 생각으로 발전했다.

　　두 번째는 과거의 풍성한 문화 경험으로부터 비롯된 향수 어린 애착, 즉 노스탤지어의 영향이다. X세대 이후 세대들은 경제적으로 비교적 안정된 시기에 성장했으므로 어린 시절에 대해 좋은 기억이 많은 편이다. 성장기 동안 소비했던 캐릭터와 콘텐츠는 단순한 추억이 아니라 각자의 정체성과 정서의 일부로 자리 잡았다. 그래서 나이가 들어서도 어린 시절의 감정을 되살리고, 이를 현재의 소비로 연결하는 경향이 강하다. **별 걱정 없이 즐거웠던 그 시절로 돌아가고 싶은 마음, 그 시절 느꼈던 안정감을 다시 경험하고 싶은 욕구가 귀여움 소비를 통해 표출된다.**

　　어릴 적 향유했던 IP에 대한 추억이 성인이 된 후에

도 영향을 미치는 대표적인 사례가 디즈니 콘텐츠다. 특히 미국 올랜도와 프랑스 파리, 일본 도쿄, 중국 홍콩과 상하이에는 디즈니랜드가 있다. 24개월까지는 항공료를 받지 않으니 2000년대부터 2010년대에 걸쳐 X세대와 밀레니얼들은 아직 만 2세도 되지 않은 어린 자녀를 데리고 디즈니랜드에 가는 경우가 많았다. 아이가 아직 어리다 보니 여행 자체가 도전이지만 이들은 기저귀며 분유며 기꺼이 갖은 짐을 바리바리 싸 들고 디즈니랜드를 방문한다. 물론 아이에게 경험시켜 주고 싶다는 것이 표면적 이유다.

하지만 거기서 정작 크나큰 감동과 즐거움을 누리는 건 자녀들보다는 부모 자신들이다. 지금이야 우리나라에서 만든 양질의 콘텐츠가 넘쳐나지만 그들이 어린 시절에는 너무나 화질이 좋고 그림체가 뛰어나며 귀에 착 달라붙는 OST가 담긴 디즈니 콘텐츠들이 더없이 특별하고 재미있고 아름다웠다. 이제 '어른이'의 마음으로 이들은 부모가 되어서 유년 시절의 한 부분을 채워 준 캐릭터와 콘텐츠를 찾아 해외의 디즈니랜드를 찾고 감동하고 굿즈들을 산다. 다시 말해 **과거의 풍성한 문화 경험은 당시 즐겼던 콘텐츠나 캐릭터 IP에 대한 노스탤지어를 불러일으키고, 노스탤지어는 사람들이 과거의 경험을 재현하고 싶은 욕구를 자극하여 과거와 연관된 상품이나 서비스를 구매하게 만든다.** 귀여운 캐릭터나 물건은 이들에게 단순한 장난감이나 인형 이상의 의미다.

오히려 경제력이 뒷받침되면서 어릴 적에 양껏 하지 못했던 것을 40대 이후 시작하는 큰손 키덜트도 많은 편이다. 우리 집에도 레고에 버닝하며 온 집안을 레고와 레고 박스로 가득 채우고 있는 40대 남성이 한 명 있다. 그런데 재밌는 건 1980~1990년대가 돌아올 수는 있지만 1960년대가 돌아오는 일은 없다. 레트로를 소비하는 이들 세대의 기억 속에 없는 시절이기도 하지만, 무엇보다 문화적 토양이 다르기 때문이다.

하물며 Z세대나 알파세대는 어떨까? 이들은 더 자유롭고 더 다양하게 캐릭터와 콘텐츠를 소비한다. 게임, 웹툰, 애니, 유튜브는 물론 리메이크나 프리퀄 등의 형태로 돌아오는 콘텐츠들 속에 파묻혀 살고 있다. 이들의 유년 시절, 청소년 시절, 청년 시절에서 캐릭터나 콘텐츠 IP를 분리하는 것은 불가능하다. 이는 Z세대와 알파세대의 공통적 시대 경험으로, 이들의 소비문화 속에 지워지지 않는 흔적을 남길 것으로 보인다. **이들이 지금 좋아하는 것, 지금 시간을 보내는 것, 지금 추억을 쌓는 것들이 20년 후, 30년 후에도 이들의 지갑을 열게 될 것이다.**

Z세대의 추구미와 귀여움 소비

귀여움 소비의 중심에 있는 Z세대들의 공통적인 추구미는 자연스러움이다. Z세대는 있는 그대로의 자신이 의미 있다고 배우며 자랐고 그것을 실질적으로 내면화한 첫 세대다. 이들에겐 없는데 있는 척 포장하지 않는 것, 꾸밈없이 솔직한 것이 중요하다. 애써 꾸미고 '있어 보이게' 포장하는 것은 도리어 '없어 보인다'고 느낀다. 그래서 최악의 경우는 없는데 있는 척하다가 사실은 없다는 게 밝혀지는 경우다. 아마도 몇 가지 사례가 떠오르겠지만 구체적인 언급은 하지 않기로 한다. 여하튼 잘났든 못났든, 좋든 나쁘든 있는 그대로 드러내는 게 자연스럽고 꿍꿍이가 없으며 건강한 것이다.

그래서인지 어떤 세대보다도 금전적 가치에 민감하면서도 솔직한 Z세대는 뛰어난 재력을 자랑하는 럭셔리 인플루언서나 아티스트를 추종하면서도 자칫 남루해 보일 수도 있는 자신의 일상을 놀라울 만큼 거리낌 없이 드러내놓는 경향이 있다. 정제된 레거시 미디어의 콘텐츠보다 유튜브에서 많은 크리에이터들이 만드는 날것의 콘텐츠에 더 익숙한 것도 이런 성향의 원인 중 하나일 것이다.

잘파세대 트렌드 전문 회사 캐럿에 따르면, 인스타그램 CEO 애덤 모세리는 Z세대에게는 날것의 리얼한 콘텐츠가 트렌드임을 인정하며 "이들은 더 이상 지나치게 꾸며진 이미지를 원하지 않는다. 그 대신 실시간으로 공유되는 덜 가공된 콘텐츠에 더 많은 관심을 보이고 있다"고 밝혔다고 한다. 인스타그램에서 즉흥적이고 자연스러운 순간들을 보여주는 스토리 기능 사용량이 Z세대가 월등한 부분도 이를 증명한다.

비슷한 맥락에서 패션계에서도 섹시함의 코드가 잘 먹히지 않은 지 오래라고 한다.[48] 과거를 떠올려보

면 미국에서 온 캐주얼 패션 브랜드들의 키 비주얼에
는 근육질 몸의 남성과 뇌쇄적인 몸매를 가진 여성이
주로 등장했었다. 캘빈클라인도 그랬고 아베크롬비, 약
간 극단적이긴 하지만 속옷으로 가면 빅토리아 시크
릿도 그랬다. 하지만 시대가 변했다. 많은 반발이 공존
하긴 하지만, 성인지 감수성과 정치적 올바름(Political
Correctness, PC)은 상업적 스토리나 이미지를 제안할
때 매우 크리티컬한 요소다.

유머도 특정 집단을 비하하거나 폄훼하는 요소가
없는지 면밀히 검토해야 한다. 광고도 아예 드러내고 앞
광고로 해야지 음습하게 뒷광고를 해서는 안 된다. 차
라리 '돈 벌려고 하는 광고'라는 걸 훤히 드러내면 오히
려 건강하다고 여긴다.

한편 대량생산, 자동화, 규격화가 특별하지 않은 세
상에 태어난 지금의 Z세대 이하 젊은 세대들에게는 일
률적으로 똑같은 것, 모두가 일시에 유행하는 브랜드나
제품을 똑같이 착용하고 다니는 것, 럭셔리 브랜드라
해도 똑같은 로고가 부착된 아이템들은 그다지 매력이

없다. 그들에게는 **조금 허술해도 특별한 이야기나 기억이 담긴 것, 세상에 하나밖에 없는 것, 사람이 손으로 만든 것 등이 특별하다.** 전 국민이 공통된 화제에 술렁거리는 실검(실시간 검색 순위)의 시대를 살았던 밀레니얼에게는 기술의 발전이 만들어낸 물질적 풍요와 기계나 시스템에 의한 편리가 앞서가는 것, 혁신적인 것이었지만, Z세대에게는 반대다.

그래서 이전 세대들에게 '효율, 자동화, 디지털'이 앞서가는 것, 세련된 것, 더 좋은 것이었다면, 철든 이후 줄곧 디지털 환경에 노출돼온 디지털 네이티브인 Z세대에게는 도리어 사람 냄새 나는 것, 똑같이 찍어내지 않은 것, 그래서 하나하나 살펴보면 조금씩 다르고 독특한 것이 더 멋진 것으로 여겨진다. 비효율의 다른 이름처럼 느껴지는 '낭만'이 부상하는 것도, 미국 Z세대가 스타벅스보다 좋아한다는 카페 '더치브로스'가 대면 주문과 시크릿 메뉴 등 인간적 서비스로 각광받는 것도 연결된 현상이다. **요컨대 Z세대 추구미의 핵심은 솔직함과 자연스러움이다.**

　그런데 이거, 이미 들어본 말 같지 않은가? 앞에서 Z세대 설문 결과를 분석하면서 '귀여움 모먼트'를 제시했다. Z세대 응답자들이 귀엽다는 말을 들었던 상황들을 분류해본 결과, **Z세대가 귀여움을 느끼는 순간은 솔직한 감정 표현과 있는 그대로의 자연스러움을 느끼는 순간이었다.** 완벽하지 않은 모습이 도리어 인간적인 매력을 느끼게 하고 그런 순간을 Z세대는 '귀엽다'고 느끼고 있었다. **현재 Z세대의 추구미와 '귀여움 모먼트'가 정확하게 일치하고 있는 것이다.**

　결국 **Z세대에게 귀여움은 기계의 반대 개념으로서 '인간적인 것'이다.** 이건 마치 『주역』에 나오는 '물극필반(物極必反)'[49]의 이치와도 같다. '인간적인 것'이라는 표현 때문에 '동물은 해당되지 않는단 말이야?'라고 반발하지 않기를 바란다. 기계적인 것, 기술로 구현되는 것, 정확하고 빈틈없는 것의 반대, 약간 허술하지만 유연하고 정을 둘 여지가 있는 것을 가리키는 의미니까. 뭐든 측정 가능한 것, 이성적으로 따지고 이유를 대는 것이 중요한 시대가 있었지만, **모든 상품의 품질이 상향 평준화되고 시장**

은 포화되어 눈에 보이는 차별화를 통한 경쟁 우위를 확보하는 것이 쉽지 않은 요즘, 그냥 기분이 좋아지고 저도 모르게 입가에 미소가 걸리게 하는 귀여움으로 마음을 사로잡는 것이 어쩌면 더 쉬운 일일지도 모른다.

귀여움, 상품에 날개를 달아주는 미학적 향신료

　Z세대를 대상으로 귀여움 인식과 소비 촉진 효과를 물었을 때 나왔던 주관식 응답 중 가장 주목했던 건 '귀엽다면 가지고 있을 때 기분이 좋다. 나의 기분에 투자하는 느낌'이라는 응답이었다. 이것은 어쩌면 이 책 전체를 관통하는 메시지다. **왜 귀여워서 살까? 답은 단순하고도 명료하다. 바로 '기분이 좋아서'다.**

　물건을 고를 때, 사고 나서 사용할 때, 그리고 두고두고 볼 때 기분이 좋다는 건 매우 중요하다. 이는 브랜드 마케팅의 궁극적 목표와 맞닿아 있다. **브랜드 마케팅의 궁극적 목표는 한마디로 브랜드에 대한 좋은 연상을 많이 확보하는 것이다.** 사람들이 어떤 카테고리를 떠올렸을 때 내 브랜드를 가급적 빨리 떠올리도록 하고, 동시에 좋은 기억, 좋은 이슈, 좋은 감정이 잇따라 떠올라야 한다.

그래서 귀여움은 브랜드 마케팅에 긴요하다. **상품과 서비스, 이를 알리기 위한 콘텐츠에 적용된 귀여움의 요소는 소비자에게 긍정적인 감정을 전이하는 데 유리해서다.** 감각적으로 느껴지는 귀여움의 요소란 단순히 귀여운 캐릭터를 붙여주는 것만은 아니다. 귀여움의 미학을 브랜드와 커뮤니케이션과 제품 전반에 적용할 수 있다. 제품 디자인에서는 작고 동글동글하고 매끈하거나 부드러운 촉감, 파스텔톤이나 밝고 경쾌한 색상을 입히거나 귀여운 패턴을 적용하는 것, 제품을 포장하는 패키지에 그런 귀여움 요소를 추가하는 것은 물론이고, 모바일 앱이나 웹사이트의 UX와 UI, 무형의 영역으로는 고객에게 전달되는 메시지의 톤앤매너, 광고 콘텐츠의 소재나 전반적인 무드에도 귀여움을 녹이는 것이 가능하다. 귀여움이 유발하는 네 가지 반응 중 하나인 '기발한 귀여움'을 이야기하면서 언급했던 사례들처럼, 상품의 콘셉트나 기능, 용도에서 느껴지는 유쾌함, 장난기, 재미 요소 역시

'귀엽다'는 반응을 불러일으킬 수 있다.

귀여움은 모든 접점에서 좋은 기분을 전하는 매개로 활용될 수 있고, 브랜드에 대한 좋은 인상, 좋은 연상을 확보하는 데 중요한 역할을 해낼 것이다. 상품의 성능이나 효능만이 아니라 좋은 기분, 즐거운 감정을 갖게 만드는 것이 브랜드의 지속성장에는 훨씬 더 중요하다. 상품의 기능적 측면은 더 좋은 기술 혹은 기능을 적용한 제품이 나오면 '시대에 뒤떨어진(out of date)' 것이 되지만, 좋은 기억이나 경험으로부터 비롯된 좋은 기분은 그대로 남기 때문이다.

특히 Z세대가 이 감성에 가장 긍정적이며 익숙하다는 점에서 좋은 기분이나 좋은 연상을 넘어선 목적 달성도 기대해볼 수 있다. 젊은 세대와의 소통, 미래 고객과의 지속적 커뮤니케이션의 물꼬를 트는 것이다. 세대를 막론하고 귀여움이라는 감성은 생각보다 경계를 허물고 스스럼없이 다가오도록 큰 힘을 발휘한다.

한편 감정적 유대나 다른 요인 없이 반사적으로 유발된 귀여움 혹은 본능적으로 유발된 귀여움은 순간 좋은 기분이 들게 하고 금세 사라질 수 있지만 여기에 어릴 적 추억이나 좋은 경험이 포개지면 마음이 한층 깊어져 쉽사리 떠나지 않게 된다. 그런 면에서 귀여움과 노스탤지어는 좋은 짝이다. 귀여움은 어린 시절의 기억을 소환하기에 좋은 감정이고 노스탤지어는 바로 그 시절에 대한 그리움의 감정이어서다. 맛있는 음식을 먹었을 때의 쾌감이 어릴 적 엄마 혹은 할머니 손맛 등의 기억과 결합하면 만족감은 한층 깊어지고 불멸의 것이 되는 것과 같은 이치다. 감정의 레이어가 겹겹이 쌓일수록 깊은 인상을 남길 수 있다. 희소성 역시 좋은 걸개다. 희소성은 대부분의 상품에 있어서 갈망을 배가하는 속성이지만 귀여움과 결합하게 되면 욕심이나 갈망을 넘어서 애타는 사랑으로 변모하기도 한다.

귀여움은 감정의 범주이기도 하지만 미학적 범주이기도 하다. **귀여움이라는 향신료가 뿌려지면 사람들은 상품이나 서비스에 친밀하고 호의적이며 한층 가까워진 느낌, 순수한 기쁨과 즐거움의 맛을 느끼게 된다.** 물질이 충족될수록 감각적인 즐거움, 풍부하고 의미 있는 경험, 편안하고 좋은 기분 등 감성적 만족이 소비의 가장 중요한 목적이 된다. 더욱

이 불안과 불황이 가중된 환경은 감성적 만족, 특히 위로와 평온을 갈구하는 마음을 더욱 부추긴다. 결국 귀여움이라는 미학적 향신료는, 소비의 목적이 감성적 만족에 초점이 맞춰진 시대가 지속되는 한, 그 맛을 잃지 않을 것이다.

미주

1   의식적인 조절 없이 자동으로 움직이는 근육으로, 주로 내장기관에 분포해 소화, 혈관
     수축 등을 담당한다.

2   윌리엄 버틀러 예이츠(William Butler Yeats), 〈A Drinking Song〉

3   소셜빅데이터는 인스타그램, X(구 트위터), 커뮤니티, 블로그 등 사람들이 스스로 자기가
     살아가는 모습을 기록한 텍스트와 비주얼 이미지를 원천으로 삼는 데이터.

4   김영하. (2024). 『여행의 이유』. 복복서가.

5   요모타 이누히코. (2013). 『가와이이 제국 일본』. 펜타그램.

6   《데일리트렌드》 인용

7   털실에 싸인 철사로 휙휙 감고 둘러서 만든 인형을 가리킨다.

8   다이어리를 색색깔의 펜과 스티커, 사진 등으로 예쁘고 풍성하게 꾸미고 기록하는 것
     을 말한다.

9   《캐릿》 인용

10   대한상공회의소 뉴스레터, 《리테일톡》

11   Toy Sensation Squishmallows Signs With CAA (EXCLUSIVE), https://variety.
     com/2021/film/news/squishmallows-film-tv-caa-1235035527/

12   《데일리트렌드》 인용

13   「젊은 사람들은 니에니에를 사기 위해 왜 수천 불을 기꺼이 지불할까?」, The Paper.cn,
     2024. 10. 8

14   일본 원서의 제목은 『「가와이이」론(「かわいい」論)』

15   최애가 등장하는 '오프라인 이벤트'의 약어

16   콘서트는 보통 두세 번 이상 복수로 개최하는 경우가 많은데, 같은 콘서트지만 매일 혹
     은 매 지역을 돌며 'all concert'에 모두 가는 것을 의미하는 덕질 용어

17   온라인에서 발생한 관용구. 대상에게 어떤 흠이 있어도 눈이 흐려진 듯이 못 본 척한다
     는 의미

18 「[라이프] 인터넷 달군 '새오체', 열풍의 주인공은 온다 리쿠 소설 번역가」, 《조선비즈》, 2016. 1. 26, https://biz.chosun.com/site/data/html_dir/2016/01/26/2016012603311.html

19 「사람들 다 있는데 왜 나만 '고양이' 없어?」, 《한국일보》, 2017. 3. 2, https://m.hankookilbo.com/News/Read/201703021391259366

20 유행어, 물건·사건·현상, 식음료, 배우, 아티스트, 유튜브 채널

21 송현주·김예니, (2022), 「'귀엽다'의 의미 확장 양상」, 《문화와융합》, 제44권 8호

22 『큰사전』(한글학회, 1947~1957): 1929년 편찬 작업을 시작했으나 1942년 조선어학회 사건으로 사전 편찬 작업 중단, 해방 후 작업을 재개하여 1947년 한글날에 『조선말 큰사전』 제1권, 1949년에 제2권이 출간되었고 6·25 전쟁으로 출판이 중단되었다가 1957년 한글날 최종적으로 총 6권으로 완간되었다. 『조선말 큰사전』은 1949년 조선어학회가 한글학회로 이름을 바꾸면서 『큰사전』으로 제목이 변경되었으며, 16만 4,125개의 표제어를 수록한 방대한 규모의 사전으로, 완간까지 총 28년이 소요되었다.

23 『수정증보 조선어사전』(문세영, 1940): 1933년 조선어학회가 제정한 「한글맞춤법통일안」을 철저히 준수하여 표기된 최초의 사전으로, 당시 표준어 보급에 크게 기여했다. 1938년 초판 출간 후 각 지방의 학생들과 독자들이 보내온 숨겨진 말과 누락된 어휘를 바탕으로 1만 어휘를 추가하여 1940년에 수정증보판을 발행했다.

24 「[유민호의 일본 직설(直說), 요설(妖說) 그리고 곡설(曲說)] '귀여움'에 대한 명상… '카와이 세계'로 본 일본 유전자_글로벌 '서브 컬처' 상징으로 변한 도쿄 아키하바라」, 《월간중앙》 8월호, 2023

25 Hiroshi, Nittono. (2016), The two-layer model of 'kawaii': A behavioural science framework for understanding kawaii and cuteness. East Asian Journal of Popular Culture, 2(1): 79~95, doi: 10.1386/EAPC.2.1.79_1

26 KOBACO 대학생 과정 수강생 40명 대상 설문조사(2024. 9)

27 여성의 매력과 생활 기술을 포괄하는 개념으로, 배려, 섬세함, 패션 감각 등 다양한 능력을 포함하며, 2000년대 일본 대중문화에서 확산된 용어다. 그러나 여성다움에 대한 사회적 기준을 강화한다는 비판도 존재한다.

28 황제의 배우자는 황후, 황제든 제왕이든 임금의 배우자는 중궁이라 하므로 사실 황후와 중궁은 같은 같은 지위를 일컫는 말이다. 그러나 헤이안 시대에는 모종의 정치적 이유로 천황의 정실이 2명이 되기도 했고 2명의 정궁이 각기 황후, 중궁이라는 호칭을 나눠 가지기도 했다. 이 시기 이치조 천황의 황후는 세이 쇼나곤이 섬긴 데이시, 중궁은 무라사키 시키부가 섬긴 쇼시였다.

29 원문 제목은 'うつくしきもの', 현대어 제목은 'かわいらしいもの'로 한글로 번역하면 '귀여운 것'이 된다. 일본에서는 교과서에 나오는 작품이라 검색으로 어렵지 않게 원문과 현대 일본어 버전을 찾을 수 있다. 이를 챗GPT를 통해 한글로 번역한 뒤 약간 다듬은 것이다.

30 모노노아와레(もののあわれ): 모든 것은 변하며 그로 인한 사물의 덧없음에서 느껴지는 감정과 삶의 무상함을 통해 아름다움을 느끼는 일본 고유의 감수성

31 와비사비(わびさび): 색채나 꾸밈을 극도로 억제한 소박함과 차분함, 불완전함과 덧없음 속에서 자연스러움을 발견하며 깊은 아름다움을 추구하는 일본적 감각

32 「성장형 VS 완성형, K팝을 사랑하는 이유」, 《스포츠경향》, 2024. 6. 29, https://sports.khan.co.kr/article/202406291851003

33 《데일리트렌드》 인용

34 한국무역협회, 2022. 2

35 《징데일리》, 2024. 1

36 《징데일리》, 2021. 6

37 《시티호퍼스》 인용

38 「[정세분석] 中 MZ세대의 탕핑문화 확산에 당황한 시진핑」, 《Why Times》, 2021. 7. 8, https://whytimes.kr/news/view.php?idx=8984

39 Lieber, S. (2024). The Power of Cuteness: Understanding Emotional Responses to Babies and Young Animals. https://doi.org/10.31124/advance.24973947

40 https://www.buzzfeed.com/taylor_steele/cute-whimsical-products-to-indulge-in?new_user=true&newsletter_modal=true

41 Katherine K. M. Stavropoulos, Laura A. Alba. (2018). "It's so Cute I Could Crush It!": Understanding Neural Mechanisms of Cute Aggression. *Frontiers in Behavioral Neuroscience*, 12, doi: 10.3389/FNBEH.2018.00300

42 Steinnes 등 (2019)

43 Hiroshi, Nittono. (2016). The two-layer model of 'kawaii': A behavioural science framework for understanding kawaii and cuteness. *East Asian Journal of Popular Culture*, 2(1): 79–95. doi: 10.1386/EAPC.2.1.79_1

44 Xintao Yu, Zhen Xu, Yifan Song., Xiaochen Liu. (2022). The cuter, the better? The impact of cuteness on intention to purchase AI voice assistants: A moderated serial-mediation model. *Frontiers in Psychology*, 13 doi: 10.3389/fpsyg.2022.1036848

45 극 중 주인공이 살았던 마을 이름이다.

46 엘리자베스 커리드핼킷. (2024). 『야망계급론』. 오월의봄.

47 고윤실. (2016). 「당대 중국 '청년의 소멸'과 정서적 구조의 변동」. 《중국문화연구》, 제34집. 1–21.

48 《데일리트렌드》 인용

49 만물은 극에 달하면 반드시 반전하여 되돌아간다는 뜻